ロサンゼルス・サンフランシスコ

ララチッタとはイタリア語の「街＝La Citta」と、
軽快に旅を楽しむイメージを重ねた言葉です。
セレブ出没スポットやCAファッション、
個性派ストリートにマーケット散策など…
大人女子が知りたい旅のテーマを集めました。

滝と緑のヨセミテ国立公園…P118
サンフランシスコの人気ホテル…P122

Travel Information
🌀 **トラベルインフォメーション** ♪

別冊MAP

マークの見かた

交 交通	時 開館時間、営業時間
住 住所	休 休み
📞 電話番号	料 料金
予 予約が必要	日本語メニューあり
ドレスコードあり	

その他の注意事項

●この本に掲載した記事やデータは、2023年7月の取材、調査に基づいたものです。発行後に料金、営業時間、定休日、メニュー等が変更になることや、臨時休業等で利用できない場合があります。また、各種データを含めた掲載内容の正確性には万全を期しておりますが、おでかけの際には電話等で確認・予約されることをおすすめいたします。なお、本書に掲載された内容による損害等は、弊社では補償いたしかねますので、あらかじめご了承くださいますようお願いいたします。
●本書掲載の電話番号は特記以外、現地の番号です。すべて市外局番から記載しております。
●休みは基本的に定休日のみを表示し、年末年始や復活祭、クリスマス、国の記念日など祝祭日については省略しています。
●料金は基本的に大人料金を掲載しています。

ロサンゼルス・サンフランシスコ 早わかり

旅行前に知っておけば、ちょっと得する旅の情報をご紹介。
2都市の基本情報を覚えておけば、旅の内容もレベルアップ。旅先で何かいいことに出合えるかも。

基本情報

国名：アメリカ合衆国(カリフォルニア州)
人口：約3億3200万人 (2021年7月推計)
面積：約983万㎢
【ロサンゼルス】
約384万人／約1216㎢
【サンフランシスコ】
約81.5万人／約121.4㎢
(2021年推計)
言語：主に英語(法律上の定めはない)
通貨：ドル($)。$1＝146円
(2023年9月現在)
時差：マイナス17時間(サマータイムが実施される3月第2日曜～11月第1日曜はマイナス16時間)
チップ：サービスを受けたらチップを渡すのは常識。ホテルのベッドメイキングは$1～2(日数分まとめて置いてもいい)、荷物を運んでもらったら荷物1個につき$1～2、レストランでは総額の18～20%、タクシーは料金の15%が目安。

坂道に広がる絵はがきのような街並み

❷ サンフランシスコ
San Francisco →P87

三方を海に囲まれた半島の先端にある港湾都市。急な坂道を進むケーブルカーや青空に輝くゴールデン・ゲート・ブリッジなど、美しい景色が広がる。シーフードが豊富で、西海岸随一のグルメシティとしても名高い。

穏やかな気候の西海岸最大の都市

❶ ロサンゼルス
Los Angeles →P19

カリフォルニア南西部に位置する、ニューヨークに次ぐ全米第2の都市。映画の都ハリウッドをはじめ、高級ブティックが並ぶビバリーヒルズやビーチタウンのサンタモニカなど、話題のエリアが点在する。

⬤ シーズンチェック

祝祭日やイースターの期間はレストランやショップが休業になることも。旅行日程を決める前にチェックしておこう。

● 主な祝祭日

1月1日	元日
1月15日※	キング牧師記念日（1月第3月曜）
2月19日※	プレジデント・デー（2月第3月曜）
3月17日	セント・パトリックス・デー
5月27日※	メモリアル・デー（5月最終月曜）
6月19日	ジューンティーンス
7月4日	独立記念日
9月2日※	レイバー・デー（9月第1月曜）
10月9日※	コロンブス・デー（10月第2月曜）
11月10日※	退役軍人の日※2023年は振替
11月23日※	感謝祭（11月第4木曜）
12月25日	クリスマス

※印の祝祭日やイベントの日程は年によって変わります。記載は2023年10月〜2024年9月の予定です

● 主なイベント

1月1日※	ローズパレード／ローズボウル（ロサンゼルス）
3月10日※	アカデミー賞授賞式（ロサンゼルス）
3月31日※	イースター・サンデー
4月1日※	イースター・マンデー
4月中旬	北カリフォルニア桜祭り（サンフランシスコ）
4月25日〜5月5日※	サンフランシスコ国際映画祭
5月19日※	ベイ・トゥ・ブレーカーズ（サンフランシスコ横断レース）
5月22〜24日※	ロングビーチ・クローフィッシュ・フェスティバル（ロサンゼルス）
6月29〜30日※	プライドパレード（サンフランシスコ）
7月21日※	サンフランシスコ・マラソン
10月31日	ハロウィン
11月24日※	ブラックフライデー
11月26日※	ハリウッド・クリスマス・パレード
12月31日	ニューイヤーズ・イブ

⬤ 気候とアドバイス

ロサンゼルスは暖かく雨も少ない4〜6月、サンフランシスコは夏とはいえ涼しく名物の霧が発生しやすい7〜9月がベストシーズン。

春 3〜5月	3月はまだ寒い日が多いので、暖かい衣類も必要。5月からは夏の日差しになる。	夏 6〜8月	LAは日差しが強く帽子やサングラスは必携。SFは気温が下がることもしばしば。
秋 9〜11月	10月〜11月上旬は過ごしやすいが、朝晩の寒暖差があるので羽織るものの用意を。	冬 12〜2月	LAは日本より暖かいが雨が多い。SFは比較的温暖。とはいえ、厚手のジャケットは必要。

⬤ 平均気温と降水量

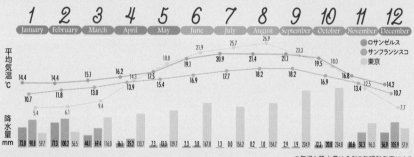

※気温と降水量は令和5年理科年表による

5

ロサンゼルスとサンフランシスコを楽しみ尽くす！

4泊6日王道モデルプラン

2都市の魅力が凝縮された4泊6日のモデルプラン。
ロサンゼルスとサンフランシスコを濃密に遊び尽くそう！

DAY1

SF観光のハイライト

ベイエリアとアルカトラズ島へ

10:15
サンフランシスコ国際空港に到着
↓ バートで約30分

11:00
ユニオン・スクエアのホテルに到着
↓ タクシーで15分

12:00
フィッシャーマンズ・ワーフ散策
↓ ピア33からフェリーで15分

13:50
アルカトラズ島見学
↓ フェリーで15分でピア33へ。ミュニメトロF線で15分

17:30
フェリー・ビルディングで買い物＆ディナー

ガタゴトとSFの坂道を進むケーブルカー

伝説の刑務所、アルカトラズ島

おみやげもゲット！

買い物に便利なフェリー・ビルディング

カニの看板はフィッシャーマンズ・ワーフの目印

ミュニメトロF線はレトロな電車

気軽にランチを楽しめるシーフード屋台もおすすめ

DAY2

街歩きを楽しむ

個性派ストリートへ

9:00
ゴールデン・ゲート・ブリッジを歩いてみる
↓ プレシディゴー・シャトルで10分

11:00
ウォルト・ディズニー・ファミリー・ミュージアム
↓ ミュニバス2本乗り継ぎ20分

14:00
フィルモア・ストリートでショッピング
↓ ミュニバスと徒歩で20分

15:30
ヘイズ・ストリートを散策
↓ ミュニバスと徒歩で15分

17:00
バレンシア・ストリートでお買い物
スタイリッシュな雰囲気が漂うヘイズ・ストリート

ウォルト・ディズニーの生涯と彼のアートワークを紹介する「ウォルト・ディズニー・ファミリー・ミュージアム」

落ち着いた雰囲気が漂うフィルモア・ストリート

サンフランシスコのシンボル、ゴールデン・ゲート・ブリッジ

DAY3

LAに移動

思う存分ショッピング

サンフランシスコ国際空港から飛行機で1時間40分、ロサンゼルス国際空港へ。フライアウェイで約1時間

(12:00)
ダウンタウンのホテル着

ダウンタウンには高層ビルが林立

↓ メトロレイルで30分

(13:00)
オベーション・ハリウッドを見学

↓ メトロバスで15分

(14:30)
メルローズ・アベニューでショッピング

個性的なショップやヴィンテージ・ショップが集まるメルローズ・アベニュー

超有名なハリウッド・サイン

↓ タクシーで20分

(15:30)
ロデオ・ドライブを散策

有名ホットドッグ店「ピンクス」にも行ってみたい

ロデオ・ドライブには多くの高級ブランドが集まる

DAY4

青い空と海を満喫

サンタモニカ散策

ワーナー・ブラザーズVIPスタジオ・ツアーはトラムに乗って敷地をまわる

(8:15)
ワーナー・ブラザーズVIPスタジオ・ツアー

↓ タクシーでハリウッドへ。ハリウッドからメトロレイルで60分

(13:00)
サード・ストリート・プロムナードでランチ

↓ メトロバスで15分

(15:30)
アボット・キニー・ブールバードでショッピング＆カフェに立ち寄り

ムーディなバーでロマンチックな雰囲気に浸る

サンタモニカ・プレイス内の「ルル・ルーフトップ・レストラン・ラウンジ」でひと休み

地元の若者や旅行客で常に賑わうサード・ストリート・プロムナード

↓ メトロバスで1時間30分

(19:00)
ダウンタウンに戻りディナー。ルーフトップバーでロサンゼルスの夜を楽しむ

DAY5-6

最終日はホテルで

優雅な朝の時間を

(7:00)
ホテルのレストランで朝食

↓ タクシーで30分

(10:00)
ロサンゼルス国際空港に到着

ADVICE!
空港には遅くとも2時間前には到着しておきたい。手続きを済ませ30分～1時間前までには搭乗口前に

SPECIAL SCENE 6

ロサンゼルスで叶えたい♥

とっておきシーン6

アメリカ第2の都市といわれ、映画産業やエンタメの聖地として賑わうロサンゼルス。映画スターゆかりのレストランやショップ、撮影ロケ地などが街に点在し、散策するだけでドラマチックな瞬間に出合える。エリアによって異なる魅力を探しに出かけよう。

スターの名が刻まれた星型

ハリウッド・サインは必見！

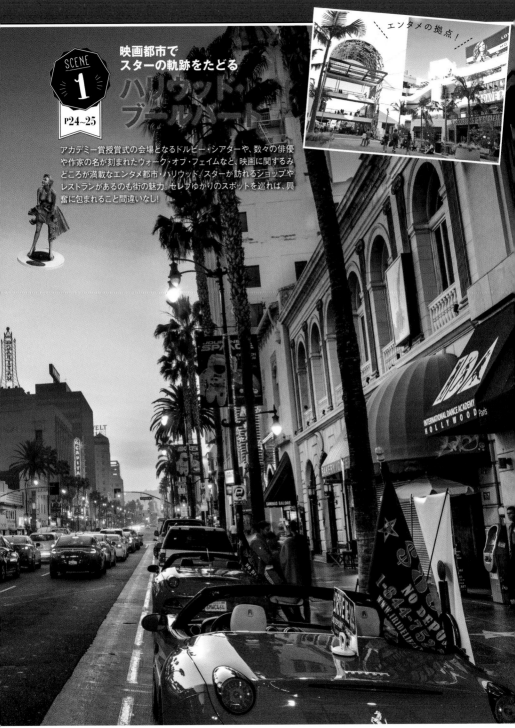

SCENE **1** P24~25

映画都市で
スターの軌跡をたどる

ハリウッド・
ブールバード

アカデミー賞授賞式の会場となるドルビー・シアターや、数々の俳優
や作家の名が刻まれたウォーク・オブ・フェイムなど、映画に関するみ
どころが満載なエンタメ都市・ハリウッド。スターが訪れるショップや
レストランがあるのも街の魅力。セレブゆかりのスポットを巡れば、興
奮に包まれること間違いなし!

エンタメの拠点!

ハリウッド・ブールバードは博物館やレストラン、ショップが並ぶメインストリート

開放的なビーチシティを
のんびりおさんぽ

サンタモニカ・ピア

空港から一番近い観光エリアであるサンタモニカは、青い空と海が映える陽気な街。明るい陽光が降り注ぐ開放的な街並みは、西海岸のイメージそのもの。海に突き出したサンタモニカ・ピアは、1909年に造られた歴史ある桟橋で、街のシンボル的存在。ピアの上には、観覧車を備えた遊園地パシフィック・パークがあり、大勢の人々で賑わう。

メインストリートを散策

サンタモニカ・ピアで心地よい海風を感じながら写真撮影や食べ歩きを楽しもう

セレクトショップが並ぶ

SCENE 3
P32-35

憧れのハイエンドシティへ
ビバリーヒルズ

スターの豪邸や高級ブティックが立ち並ぶ、全米有数の高級住宅街。ショップはロデオ・ドライブやロバートソン・ブールバード、レストランやカフェはビバリー・ドライブに集まっている。セレブ気分で憧れのショッピング体験を楽しもう！

ロデオ・コレクションは素敵なショッピングモール

ロデオ・ドライブはビバリーヒルズの顔である高級ストリート

SCENE 4
P76-77

夢の大舞台で活躍する日本人選手が見たい！
スポーツ観戦

ハリウッドから約50分で行けるドジャースの球場

大都市ロサンゼルスを本拠地とするスポーツチームを観戦。アメリカのプロリーグはスケールも大きく、ファンも熱狂的！渡米して注目を浴びる日本人選手の活躍も見たい。

現地でしか手に入らない応援グッズも旅の記念に持ち帰りたい

ロサンゼルス・エンゼルスには大谷翔平選手が所属。投手と打者の両方で好成績を収める二刀流

日刊スポーツ/ア

SCENE **5** P50〜51

カジュアルな雰囲気のお店で気軽にランチ

ボリューム満点×ヘルシーがブーム

グルメバーガーを味わう

これぞ王道のアメリカングルメ！ ジューシーなハンバーガーはオーダーを受けて調理を開始。できたてを味わえるお店が多数。パティはもちろん、野菜やソースなど、素材にこだわる店が増えており、肉厚ながらも体にやさしいグルメバーガーも。お気に入りの店を見つけてみよう。

ボノ・バーガー（→P51）のビッグサイズなバーガー。種類が多いので、一風変わったバーガーにも挑戦してみたい

SCENE **6** P54〜55

フォトジェニックなデザインに胸キュン♪

かわいさ満点！カラフルスイーツ

アメリカ定番のスイーツであるドーナツ、アイスクリーム、カップケーキなど、カラフルな見た目と味わいのおやつで素敵なブレイクタイム。甘い幸せいっぱいのスイーツは思わず写真を撮りたくなるアイテムばかり。

ローカルキッズにも大人気のドーナツ

サイドカー・ドーナツ＆コーヒー（→P54）のふわふわドーナツはデザインも◎

フォトジェニックなカラフルスイーツもたくさん！

SPECIAL SCENE6

サンフランシスコで叶えたい♥

とっておきシーン6

映画で見たままの坂道や風景が広がる海沿いの都市。
観光のハイライトであるゴールデン・ゲート・ブリッジや
フィッシャーマンズ・ワーフなど、港町の歴史を随所に
感じる旅をスタートしよう。

橋を背景に記念撮影！

ロマンチックな夕景

街を象徴する橋から
絶景を眺める

SCENE
1
P94~97

ゴールデン・ゲート・ブリッジ

雄大にそびえる橋は、サンフランシスコを訪れる人々に感動を与え続ける街のシンボル。霧が発生することで知られているが、幻想的な姿や夜景など、刻々と表情を変える景色も魅力の一つ。橋を渡るのはもちろん、海岸沿いからも美しい絶景を眺めることができる。

ヴィスタ・ポイントから見学！

橋の独特な色合いは「インターナショナル・オレンジ」と表現され、世界で最も写真撮影をされた橋といわれている

SCENE 2
P90〜93

箱庭のような
美しい街並み
ケーブルカーで
坂道を上る

サンフランシスコの名物
といえば、移動手段とし
てはもちろん、乗ること自
体も楽しめるレトロなケー
ブルカー。パウエル・ハイ
ド線はサンフランシス
コらしい景観が続く観光
にぴったりの路線。パウ
エル・ストリート乗車場
から散策をスタート！

坂の上からは美しい海景色が
広がるパノラマビューを見る
ことができる

方向転換は人力
で行うのに驚き

パウエル・ハイド線が通るハイド・スト
リートからの絶景は写真映え抜群！

SCENE 3
P98〜101

港町ならではの
賑わいが広がる
潮風感じる
ベイエリア散策

もとは漁船員や魚屋が集
まる港だった、サンフラン
シスコ北東部の海沿いに
広がるエリア。中心はピ
ア45からピア39周辺で、
シーフードレストランや屋
台、ショップ、観光名所が
凝縮されている。

シーフード屋台（→P100）の
看板メニューは大きなボイル
ド・ダンジネスクラブ

フォトスポット
であるカニの
看板に注目！

板張りのデッキを囲むようにレスト
ランやショップなどの建物が並ぶ

地元のスーパーマーケットでデリを選ぼう

ショッピングの中心はバレンシア・ストリート。新しいセレクトショップやカフェも続々オープン

SCENE 4
P110~111

最先端のショップやカフェが集結

ミッションエリアでお買い物

南北に細長いミッションエリアは、ローカルのショッピングスポット。ボヘミアンな雰囲気を残しながら、ハイエンドな街に進化し、サンフランシスコのなかでも最先端のカフェやショップが集まる。憩いの場、ミッション・ドロレス・パークもあり、購入したデリをランチにするのも楽しい。

キュートな柄のエコバックを発見！

SCENE 5
P104~105

新鮮な海の幸をいただきます

街の名物！シーフードを堪能する

海の街サンフランシスコで絶対に外せないシーフード料理！ピチピチの魚介類を存分に味わえて雰囲気もよい人気レストランが点在している。港の海絶景を眺めながら、オイスターやクラムチャウダーなどをいただこう。

生ガキやエビ、ダンジネスクラブなどが盛り合わせになった豪華なメニュー

種類豊富な魚介をひと皿に！

チョッピーノはトマトで煮た名物の海鮮シチュー

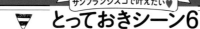
SCENE **6**
P118~121

サンフランシスコから
1dayトリップ

ヨセミテ国立公園の超絶景

北米一といわれる落差739mのヨセミテ滝

大パノラマが広がるトンネル・ビュー

シエラネバダ山脈の西山麓にある面積約3100km²の公園。1984年に世界遺産（自然遺産）に登録され、氷河に削られた巨大な岩山や雪解け水が生む渓流はまさに絶景。手つかずの大自然がそのまま保護された広大な園内で、力強い景観と豊かな植物が迎えてくれる。なかでもヨセミテ・バレーは、面積約18km²のコンパクトなエリアにみどころが多くあり、公園訪問者のほとんどが足を運ぶ場所。大自然の造形美を堪能したい。

トレーラーに乗って公園を巡るバレー・フロア・ツアーも開催されている

自然を身近に感じるトレイルを歩く

ハーフ・ドームが眼前に迫るグレイシャー・ポイント（→P120）は標高2199mの断崖に位置する展望スポット

Area1

ロサンゼルス
Los Angeles

映画の都ハリウッドや

陽気なビーチタウン、サンタモニカ

洗練された都会の旅

事前にチェックしよう！

ロサンゼルス早わかり

ハリウッドやビバリーヒルズ、サンタモニカといった個性的なエリアが点在するロサンゼルス。
街はそれぞれ雰囲気が異なり、楽しみ方も多彩だ。

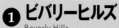

セレブが集う洗練された街並み

❶ ビバリーヒルズ
Beverly Hills　→P32

多くのハリウッドスターが暮らすアメリカを代表する高級住宅街。洗練された美しい街並みには、セレブな雰囲気が漂っている。独自の市警察をもっているので、治安のよさも抜群だ。

最寄りバス停 メトロバス20番 WILSHIRE BLVD./RODEO DR.、メトロバス4番SANTAMONICA BLVD./CAMDEN DR. など

明るく開放的なビーチシティ

❷ サンタモニカ
Santa Monica　→P38

ロサンゼルスの西に位置する典型的なカリフォルニアのビーチタウン。海岸沿いには大小のホテルが立ち並んでいる。木造の桟橋サンタモニカ・ピアには小さな遊園地もある。

最寄り駅 Ｍライン DOWNTOWN SANTA MONICA駅

LA最新トレンドがわかる

❸ メルローズ
Melrose　→P36

個性的なショップやヴィンテージ・ショップが軒を連ね、おしゃれに敏感な若者たちで賑わうLAの流行発信地の一つ。近年、Fairfax Ave.より西側のエリアには、デザイナーズ・ブランドの直営店もオープン。

最寄りバス停 メトロバス10/48・212番 MELROSE AVE./LA BREA AVE.など

世界をリードするエンタメの中心地

④ ハリウッド
Hollywood　　　　　　→P22

映画製作の拠点として栄えたエンターテインメントの聖地。小高い山の上に立つ「HOLLYWOOD」の文字、ハリウッド・サインがシンボルだ。人気ショップが集まるオベーション・ハリウッドを中心にみどころがたくさん。

最寄り駅 Ⓜ️Bライン HOLLYWOOD/HIGHLAND駅、HOLLYWOOD/VINE駅など

⑥ パサデナ

Ventura Fwy.

ユニバーサル・スタジオ・ハリウッド

グリフィス天文台

Glendale Fwy.

ゴールデン・ステート・フリーウェイ
Golden State Fwy.

グレンデール・フリーウェイ

アロヨ・セコ・パークウェイ（パサディナ・フリーウェイ）
Arroyo Seco Pkwy.
(Pasadena Fwy.)

④ ハリウッド

ロス・フェリス

バーモント・アベニュー

③ メルローズ

ウエスタン・アベニュー

ハリウッド・フリーウェイ

ドジャー・スタジアム

Hollywood Fwy.

ユニオン・ステーション

⑤ ダウンタウン

サンバーナーディノ・フリーウェイ
San Bernardino Fwy.

Santa Monica Fwy.

サンタ・アナ・フリーウェイ
Santa Ana Fwy.

ポモナ・フリーウェイ
Pomona Fwy.

ハーバー・フリーウェイ

Harbor Fwy.

再開発で進化する高層ビル街

⑤ ダウンタウン
Downtown　　　　　　→P44

高層ビルが立ち並ぶビジネス街が再開発され、総合エンターテインメント施設L.A.ライブが登場すると、話題のエリアとなった。日本人コミュニティのリトル・トーキョーなどもある。

最寄り駅 Ⓜ️B・DラインCIVIC CENTER/GRAND PARK駅、A・EラインLITTLE TOKYO/ARTS DISTRICT駅など

クラシカルな雰囲気が残る

⑥ パサデナ
Pasadena　　　　　　→P45

ダウンタウンの北東に位置する小さな街。美術館や博物館などのアート・スポットや大学がありアカデミックな雰囲気も漂う。Ⓜ️Aラインが走っており、ユニオン・ステーションから約20分とアクセスもいい。

最寄り駅 Ⓜ️Aライン MEMORIAL PARK駅

Hollywood

ロサンゼルス観光はここからスタート！

映画の都ハリウッド

LA観光の目玉ともいえるハリウッド。ハリウッド＆ハイランドには娯楽施設が大集合。
周辺にある映画関連のみどころやショップも合わせて要チェック！

\ Hollywood! /

2022年にハリウッド＆ハイランドからリニューアル

オベーション・ハリウッド

Ovation Hollywood **MAP** 別冊 P10B2

ハリウッド観光の中心的エンタメ施設

ハイランド・アベニューからオレンジ・アベニューにわたる巨大コンプレックス。スターの手形や足形があるTCLチャイニーズ・シアターに隣接し、アカデミー賞授賞式会場として知られるドルビー・シアター、ショップやレストランなどが集まった一大エンタメ施設となっている。

DATA 交Ⓜ Bライン HOLLYWOOD/HIGHLAND 駅からすぐ 住6801 Hollywood Blvd. 時休料施設、店により異なる URLwww.ovationhollywood.com

\ We are "HERO" /

Ⓐ ドルビー・シアター
Dolby Theatre

アカデミー賞授賞式の会場

2001年のオープンから毎年アカデミー賞の授賞式が開催されている劇場。コンサートやミュージカルなど年間100以上のイベントが行われているほか、劇場内やバックステージを見学できる有料のツアー（$25）もある。

DATA ☎(323) 308-6300 時休料イベントにより異なる※ツアーは所要約30分

コンサートやイベントの会場にも使われる

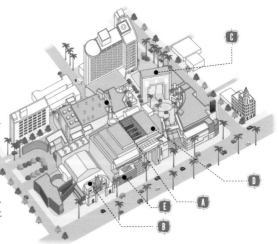

手を合わせて記念撮影。
はい、チーズ！

B TCL チャイニーズ・シアター
TCL Chinese Theatre

ハリウッドのランドマーク

往年のスターからスターウォーズ、ブラッド・ピットやジョニー・デップら人気スターまで200人以上の手形と足形が並ぶ観光名所。映画のプレミア会場となることも多く、現在も映画館として最新作が上映されている。

DATA 住6925 Hollywood Blvd. ☎(323)463-9576
営休日イベントにより異なる
URLwww.tclchinesetheatres.com

エキゾチックな建物は1927年に建てられた

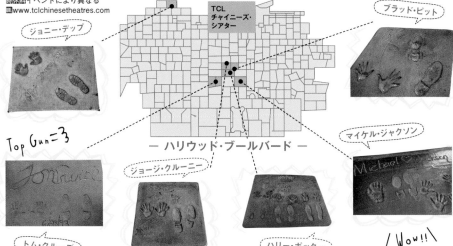

ジョニー・デップ

ブラッド・ピット

TCL
チャイニーズ・
シアター

マイケル・ジャクソン

Top Gun=3

— ハリウッド・ブールバード —

ジョージ・クルーニー

Michael Jackson

トム・クルーズ

ハリー・ポッター

/ Wow!! \

★☆★

C 展望アーチ
Archway

ハリウッド・サインを見るならここ！

アール・デコ調のアーチは、ハリウッド・サインの展望ポイント。建物内部と地続きの渡り廊下になっており、晴れていると真正面の山にHOLLYWOODの文字が見える。サインをバックに記念撮影をしよう。

DATA 住6801 Hollywood Blvd.

ここから
見る！

真正面にハリウッド・サインが見えるように設計された展望スポットからの眺めは最高

ひと休み＆ショッピングSPOT！

D セフォラ
Sephora

化粧品なら何でも揃う

有名ブランドから新鋭モノまで幅広い商品が集結したコスメの専門店。オリジナル商品もあり、免税店とはひと味違うラインナップ。

DATA 住2F229 ☎(323)462-6898 営10〜20時（日曜11〜19時）休なし

リップマスク
$16 （左）、
リップグロス
$12（右）

アメリカで
定番のコス
メショップ

E ハードロック・カフェ・ハリウッド
Hard Rock Cafe Hollywood

店内の展示も要チェック！

1860㎡という巨大スペースに、食事スペースはもちろん、ステージやショップを併設。軽食からショッピングまで自在に楽しめる。

DATA 住1F ☎(323)464-7625 営11〜22時（金・土曜9〜23時）、ショップ9〜22時（金・土曜は〜23時）休なし

ハンバーガーはボリューム満点！ステーキやパスタも

オベーション・ハリウッド周辺のおすすめSPOT

A マダム・タッソーろう人形館
Madame Tussauds Hollywood
MAP 別冊 P10A2

本物そっくりの人形と記念撮影

映画スターはもちろん、スポーツ選手やオバマ元大統領まで超豪華な顔ぶれが100体以上勢揃い。実寸大のスターたちの人形は、どれも本物そっくり。

DATA 交MBラインHOLLYWOOD/HIGHLAND駅から徒歩5分 住6933 Hollywood Blvd. ☎(323)798-1670 時10～20時（火・水曜11～18時）※季節により異なる。公式サイトにあるカレンダーで要確認 休アカデミー賞開催日 料$32.99～ URL www.madametussauds.com/hollywood

豪華スターが勢揃い。じっくり楽しむためには2時間ほどみておきたい

C ハリウッドろう人形館
Hollywood Wax Museum
MAP 別冊 P10B2

200人を超えるスターと対面

ハリウッド・スターたちが映画の名場面を再現したセットに展示されている。トム・クルーズやジョージ・クルーニーにも会える。見学には2時間ほどかけたい。

DATA 交MBラインHOLLYWOOD/HIGHLAND駅から徒歩2分 住6767 Hollywood Blvd. ☎(323)462-5991 時9～24時 休アカデミー賞開催日 料$29.99 URL www.hollywoodwaxmuseum.com

ジョージ・クルーニーとレニー・ゼルウィガー
©Hollywood Wax Museum

展示のろう人形は200体以上

地図

ドルビー・シアター
TCLチャイニーズ・シアター
マダム・タッソーろう人形館 **A**
オベーション・ハリウッド
ロビン・ウイリアムス
オベーション・ハリウッドの正面にある
Hロウズ・ハリウッド（→P63）
バビロン・コート
ハリウッドろう人形館 **C**
Las Palmas Ave.

ハリウッド・ルーズヴェルト（→P63）**H**
ハリウッド/ハイランド駅 **M**
Highland Ave.
ハリウッド・ブールバード

ミッキー・マウスの星型
B ウォーク・オブ・フェイム

ジョニー・デップ
Hルーズヴェルトの西側にある

マイケル・ジャクソン
チャイニーズ・シアター前にありダントツの人気

トム・クルーズ
ドルビー・シアターの向かい側にある

ハリウッド・ミュージアム
Hollywood Museum
映画で使われた衣装など1万点近くを展示する博物館

エジプシャン・シアター
Egyptian Theatre
1922年オープン。歴史と伝統ある映画好きに愛される単館系映画館

B ウォーク・オブ・フェイム
The Walk of Fame
MAP 別冊 P10A2～11D2

映画スターから歌手まで2700人以上の星型が並ぶ

映画、テレビ、音楽、ラジオ、演劇の世界で業績を残した人々の名前を刻んだ星型が埋め込まれた歩道。Hollywood Blvd.の両側とVine St.沿いに延々と続いている。TCLチャイニーズ・シアター前にはミッキー・マウスの星型もある。

DATA 交MBラインHOLLYWOOD/HIGHLAND駅またはHOLLYWOOD/VINE駅からすぐ

お気に入りのスターの星型で記念撮影しよう

星の数は毎年約30ほど増え続けている

スターの星型をいくつ見つけられる？

D ムッソー＆フランク・グリル
Musso & Frank Grill　MAP 別冊P11C2

ハリウッドで一番の老舗レストラン

チャーリー・チャップリンら往年の
スターたちも通った、ハリウッド全
盛期からの老舗レストラン。古き
良き時代の雰囲気を感じながら食
事ができる。

DATA 交MBラインHOLLYWOOD/HIGHL
AND駅から徒歩4分　住6667 Hollywood
Blvd.　☎(323)467-7788　時17〜23時
（日曜16〜22時）　休月曜

Tina Whatcott Echeverria

映画のワンシー
ンに登場しそう
なレトロな店内

肉料理に合う赤ワイン
も揃う

ワーナー・ブラザーズ・VIPスタジオ・ツアー
Warner Brothers VIP Studio Tour
MAP 別冊P2B1

人気の「スタジオ・ツアー」
では、トラムに乗って広い
敷地内をまわり、名作映画
のセットや小道具が集まる
博物館などが見学できる。

DATA 交メトロバス155・222番
RIVERSIDE DR./ HOLLYWOOD
WAYから徒歩3分　住3400
Warner Blvd.　☎(818)977-8687
時ツアーは8時30分〜16時の30分
ごとに出発。所要3時間　※英語の
み　休なし　料$70〜　URLwww.
wbstudiotour.com

ソニー・ピクチャーズ・スタジオ・ツアー
Sony Pictures Studio Tour
MAP 別冊P2B3

ウォーキングツアーで、スタジオ関係者が利用する
食堂、テレビ番組の撮影スタジオや特殊撮影に利
用されるステージなどを見学できる。

DATA 交カルバーシティバス3番OVERLAND AVE./WASHIN
GTON BLVD.から徒歩3分　住10202 W. Washington Blvd.
☎(310)244-8687　時ツアーは9時30分、10時30分、13時30分、
14時30分出発。所要2時間　※英語のみ、12歳以上限定、要予
約　休土・日曜　料$55　URLwww.sonypicturesstudiostours.com

パラマウント・ピクチャーズ・スタジオ・ツアー
Paramount Pictures Studio Tour
MAP 別冊P5D2

現在も唯一ハリウッドにスタジオを構える老舗映画ス
タジオ。ツアーでは名作の撮影場所はもちろん、旧
門として有名なブロンソン・ゲートなども見学できる。

DATA 交メトロバス10番MELROSE AVE./LARCHMONT BL
VD.から徒歩7分　住5515 Melrose Ave.　☎(323)956-1777
時ツアーが9時〜15時30分の30分ごとに出発。所要2時間
※英語のみ、10歳以上限定　休なし　料$64（所要4時間30
分のVIPツアーが$215）　URLwww.paramountstudiotour.com

映画『プリティー・ウーマン』の舞台となった

H ラス・パルマス

ムッソー＆
フランク・グリル

D

Cherokee Ave.

Whitley Ave.

N. Hudson Ave.

Wilcox Ave.

M ハリウッド／ヴァイン駅へ→

N W E S

0　　50m

Hollywood Blvd.　地下鉄Bライン　METRO B LINE

E ハリウッド・トイズ＆コスチュームズ

広い店内には所狭
しと商品が並んで
いる。ウィッグや
衣装などコスチュ
ーム系が充実

F ハリウッド・スターの壁画

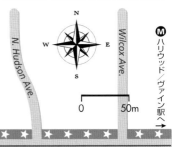

柵も看板もない普通の壁なので見逃さないように

E ハリウッド・トイズ＆コスチュームズ
Hollywood Toys & Costumes
MAP 別冊P11C2

玩具やコスチュームがいっぱい

店内にはオバマ大統領のマスク
からカラフルなウィッグ、コスプレ衣
装、ユニークな玩具、フィギュア
まで揃い、見て歩くだけで楽しい。

DATA 交MBラインHOLLYWOOD/HIGHLAN
D駅から徒歩6分　住6600 Hollywood Blvd.
☎(800)554-3444　時10〜19時（日曜10時
30分〜）　休なし

国旗をモチー
フにしたユニ
ークな帽子

マスクのディスプレイ
は一見の価値あり

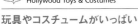

F ハリウッド・スターの壁画
Hollywood Murals
MAP 別冊P11C2

タイトルは "You Are The Star"

チャップリン、マリリン・モンロー、ジェームス・ディー
ンら往年のスターが大集合した壁画。Hollywood
Blvd.とWilcox Ave.の角からすぐのところにある。

あの有名人に会えるかも!?
憧れのセレブ出没SPOT♡

ビバリーヒルズやハリウッドにはセレブ御用達のレストランや、セレブがプロデュースするお店が少なくない。スターが多数住むLAだからこそ、有名人に会える可能性も高い!?

グルメSPOTでセレブに遭遇!?

ピンクス
Pink's

MAP P37D1／別冊 P11D3　**エリア** メルローズ

LAで一番有名な
老舗ホットドッグスタンド

1939年創業の老舗の味を求め、深夜にリムジンでセレブが訪れることも。かつてブルース・ウィリスがデミ・ムーアにプロポーズした場所としても知られ、店を訪れたスターの写真が壁一面に飾られている。行列が絶えないが、創業時から変わらぬチリドッグは試す価値十分!

DATA 🚌メトロバス10/48番MELROSE AVE./LA BREA AVE.から徒歩1分　📍709 N. La Brea Ave.　📞(323) 931-4223　🕐9時30分~23時(金・土曜は~翌2時)　🈚なし

1939年に屋台としてスタート! 今も同じ場所で営業している

一番人気のチリドッグは$5.95

こんなセレブに会えるかも?
▫ トム・ハンクス
▫ ケイティ・ペリー
▫ ニコール・キッドマン

店内にはトム・ハンクスらスターの写真がずらり!

ユニークな名前のホットドッグもあり
● ロード・オブ・ザ・リング・ドッグ $7.95
● マーサ・スチュワート・ドッグ $9.95
● ジ・オージー・スパイス・ドッグ $11.75

セレブがオーナーのレストラン

タジーン
Tagine Beverly Hills　**エリア** ビバリーヒルズ

MAP 別冊 P4B3

ライアン・ゴズリングの経営

モロッコスタイルのレストラン

ライアン・ゴズリングが、一度食べてやみつきになったモロッコ料理店のシェフ、ベン・ベナメールと一緒に創業。本場の味をこぢんまりした隠れ家的な雰囲気で。

DATA 🚌メトロバス20・720番WILSHIRE BLVD./ROBERTSON BLVD.から徒歩1分　📍132 N. Robertson Blvd.　📞(310) 360-7535　🕐18~22時(金・土曜17時~22時30分、日曜17~21時)　🈚なし
🍴

店は小さいけれど味は本格派

コンガ・ルーム
The Conga Room　**エリア** ダウンタウン

MAP 別冊 P6A4

ジェニファー・ロペスなどがプロデュース

コンテンポラリーなインテリアがこだわり

女優ジェニファー・ロペスやアマウリー・ノラスコなどが共同出資して開いたナイトクラブ。L.A.ライブ内にあり、人気アーティストのライブも開催。

DATA 🚇Ⓜ・ⒺラインPICO駅から徒歩5分　📍800 W. Olympic Blvd. L.A.ライブ(→P43)内　📞(213)745-0162　🕐22時~翌2時(木曜21時~)　🈚木~日曜　💴カバーチャージ$20 ※21歳以下の入場不可　🍴

洗練された大人の空間

おかいものSPOTでセレブに遭遇!?

ポルカドット＆ムーンビームス
Polkadots & Moonbeams

MAP 別冊P9B4　エリア ビバリーヒルズ

セレブやスタイリストの顧客も多数

ミーシャ・バートンら多くのセレブが顧客リストに名を連ねる、業界人御用達のセレクトショップ。アパレルからアクセサリー、バッグまで、センスがよくトレンドを押さえた商品が揃う。ドレスや小物など良質なヴィンテージアイテムも豊富で、幅広い商品を取り扱っている。

DATA 交メトロバス16・218番3RD ST./ORLANDO AVE.から徒歩1分 住8367 W. 3rd St. ☎(323)655-3880 時11～17時 休なし

トレンドを押さえた商品が豊富に揃う

ピアスは$40～

夏にぴったりなトムズのサンダルなども

キュートな花柄ワンピース$68～

Welcome

ジェニファー・ロペス、ジュリア・ロバーツ、ペネロペ・クルスも来店します！

屋根の黒いストライプが目印

ムーンダンス・ジュエリー・ギャラリー
Moondance Jewelry Gallery

MAP 別冊P8B1　エリア サンタモニカ

スターをさらに輝かせるジュエリー

ジュリア・ロバーツなど多くのセレブに愛されてきたジュエリー・ギャラリー。人気ブランドはもちろん、個人アーティストの作品も扱うので、シンプルなシルバーからジュエリーなど幅広く揃えている。

DATA 交ビッグブルー・バス18・41番 MONTANA AVE./15TH ST.から徒歩2分 住1530 Montana Ave. ☎(310) 395-5516 時11～17時 休月曜

月と星のデザインがセットになったダイヤモンドピアス。$775～

ハート形のリングなど高級感あふれるデザインがたくさん

このセレブも御用達！
- リース・ウィザースプーン
- メグ・ライアン
- ハル・ベリー

←↑バッグや革製品も扱う

バレリー・ビバリーヒルズ
Valerie Beverly Hills

MAP P33B2／別冊P9B2

エリア ビバリーヒルズ

セレブ御用達のコスメ

ニコール・キッドマンらセレブのメイクを手がけるメイクアップ・アーティスト、バレリーさんのショップ。チークなどオリジナル化粧品はもちろん、ポーチなどの小物も充実。

DATA 交メトロバス617番 BEVERLY DR./BRIGHTON WAYから徒歩2分 住460 N. Canon Dr. ☎(310) 274-7348 時10時30分～18時 休日曜

リップグロス$35

花びらの形をしたチーク・ローズ・ブラッシュ$55

このセレブも御用達！
- ニコール・キッドマン
- ヒラリー・ダフ
- ハル・ベリー

メイクアップ・レッスン(有料)などもある

思わず試してみたくなるようなコスメばかり

エンタメ度満点のアートスポット
ユニーク・ミュージアム

エンターテインメントの街LAには、さまざまなアートが楽しめる美術館が充実。
世界中の名画から彫刻、斬新なオブジェなど、この街ならではのアートを楽しもう!

ゲッティ・センター
Getty Center

MAP 別冊P2A2
エリア ブレントウッド

世界有数のコレクションは必見

石油王J・ポール・ゲッティが世界中から集めた膨大なコレクションを展示する美術館。ゴッホの『アイリス』などヨーロッパ絵画、彫刻、家具や装飾品、写真などコレクションは多岐にわたる。広大な敷地に5つのパビリオンがあり、建築や庭園など景観すべてが芸術。じっくり見学すると1日では無理かも。

DATA 🚌メトロバス602番SEPULVEDA BLVD./CHURCH LANEから徒歩1分 🏠1200 Getty Center Dr. 📞(310)440-7300 🕐10時～17時30分（土曜は～20時）🗓休月曜 💰無料（車で来館する場合は駐車場$20）🌐www.getty.edu ※オンラインで要事前予約

> 建物自体が
> アート!

モダニズム建築家リチャード・マイヤーによる美しい建築も必見

©The J.Paul Getty Trust

山の上の入口まではモノレールで

LAの街を一望できるスポット

セントラル・ガーデンも必見スポット

主な展示館
- ●ノース・パビリオン（North Pavilion）
  彫刻や装飾美術、彩飾写本など1600年以前の美術品が中心。
- ●イースト・パビリオン（East Pavilion）
  イタリア装飾品やフランス絵画が中心。「立ち上がる馬」は必見。
- ●サウス・パビリオン（South Pavilion）
  18世紀の絵画やヨーロッパの装飾芸術が中心。
- ●ウエスト・パビリオン（West Pavilion）
  18～20世紀の彫刻は一見の価値あり。写真展も人気。
- ●展示パビリオン（Exhibition Pavilion）
  期間限定の特別展専用のパビリオン。

ゲッティ・センター内のShop & Cafe

🛍 ミュージアム・ストア
Museum Store

写真集や美術関連の書籍、ポストカードはもちろん、ロゴ入りのオリジナル商品やセンスのよい文具など多彩な商品が揃う。

DATA 🕐10～18時（土曜は～20時）🗓休月曜

> おすすめ
> グッズ♪

フラッシュライト付きキーチェーン

折りたたみ可能な定規

©The J.Paul Getty Trust

☕ ガーデン・テラス・カフェ
Garden Terrace Cafe

美しいセントラル・ガーデンが一望できる最高のロケーション。軽食と飲み物が中心のカジュアル・カフェなので小休憩にぴったり。

DATA 🕐11～16時（土曜は～17時）🗓休月曜

take a brake!

屋外テラスは天気のいい日には最高

カリフォルニア・サイエンス・センター

California Science Center

MAP 別冊P3C3　**エリア** エクスポジション・パーク

体験型展示もあり！

スペースシャトルを見学！

科学や環境、宇宙について体験しながら学べる科学館。2012年よりスペースシャトル「エンデバー」を常設。その優美な姿を間近で見ることができる。水族館も備えた展示ゾーンのエコシステム、IMAX劇場も人気。

DATA 🚇MEラインEXPO RARK／USC駅から徒歩7分　🏠700 Exposition Park Dr.　📞(323)724-3623　🕙10〜17時　🈳なし　🈯無料　💻www.californiasciencecenter.org

How Big!

25回の飛行を終えたエンデバーの雄姿を360度、間近から見られる（上）。モダンな外観（中左）。コントロール・ルームも展示されている（中右）。さまざまな科学の体験ができる（下）

おすすめグッズ♪

サルの宇宙飛行士のぬいぐるみ $29.99

上からキーホルダー $9.99、マグネット$6.99

★☆★☆★★☆★★☆★★☆★★☆★★☆★★☆★★☆★★☆★★☆★★☆★★☆★★☆★

ロサンゼルス郡立美術館

Los Angeles County Museum of Art (LACMA)

MAP 別冊P5C3　**エリア** ハンコック・パーク

西海岸で最大規模！

幅広いコレクションで人気

アメリカ美術やヨーロッパ美術、東洋、インドの美術品や彫刻など、膨大なコレクションを誇る総合美術館。日本館もあり、江戸時代の掛軸などが展示されている。常設展以外の斬新な企画展も人気。見学には最低半日は必要。

DATA 🚌メトロバス217番FAIRFAX AVE.／6TH ST.から徒歩1分　🏠5905 Wilshire Blvd.　📞(323)857-6000　🕙11〜18時（金曜は〜20時、土・日曜10〜19時）　🈳水曜　🈯$25　💻www.lacma.org

大きな石を運んで造られたオブジェは圧巻

LACMAの愛称で親しまれる美術館は大きな門が目印

クリス・バーデンの野外オブジェ『アーバン・ライト』
©2014 Museum Associates/LACMA

おすすめグッズ♪

オリジナル・トートバッグ$45

美しい絵皿は種類も豊富$100〜

アンディ・ウォーホルのメモパッド

アカデミー映画博物館
Academy Museum of Motion Pictures

MAP 別冊P5C3　**エリア** ハンコック・パーク

入口にある大きなオスカー像の前で記念撮影しよう

映画好きにはたまらない

アカデミー賞を主催する映画芸術科学アカデミーが2021年に設立した、映画製作の芸術と科学をテーマにした博物館。同アカデミーの1300万点を超えるコレクションによる常設展では歴代オスカー像が見られるほか、企画展もある。

DATA 交メトロバス217番FAIRFAX AVE./WILSHIRE BLVD.から徒歩3分　住6067 Wilshire Blvd.　☎(323) 930-3000　時10〜18時（金・土曜は〜20時）休なし　料$25、オスカー・エクスペリエンス（アトラクション）は$15　URLwww.academymuseum.org/en

『ジョーズ』（1975）の撮影で使われた実物大のサメの模型

球体テラスから景色を一望

ハリウッドを代表する名作に関する展示や映像も観られる（上）
建物5階に位置する球体部分はルーフトップ展望台となっており、ハリウッドやビバリーヒルズの街が一望できる（左）

イタリアを代表する建築家レンゾ・ピアノ設計の建物

★☆★

『スター・ウォーズ』に登場する宇宙船を彷彿させる外観

ルーカス・ミュージアム・オブ・ナラティブ・アート
Lucas Museum of Narrative Art

MAP 別冊P3C3　**エリア** エクスポジション・パーク

ジョージ・ルーカス監督による博物館

2025年8月オープン予定

『スター・ウォーズ』や『インディ・ジョーンズ』など大ヒット作を世に送り出してきたジョージ・ルーカス監督の待望の博物館が、ダウンタウン南西に位置するエクスポジション・パークに建設中。「ナラティブ」は物語という意味。

DATA 交MラインEXPO PARK/USC駅から徒歩7分　住Exposition Park　☎時休料未定　URLlucasmuseum.org/

ノースロビーの完成予想デザイン

建築家マ・ヤンソンがデザインした博物館の完成予想図

courtesy of the Lucas Museum of Narrative Art

街全体にダイナミック・アートが点在

アーツ・ディストリクト

Arts District

MAP 別冊P7D3-D4

ダウンタウンの一角に地元のアーティストが表現する
壁画が並ぶ地区が広がり、散策が楽しめる。

建物全体がアート
キャンパスになっ
ている倉庫も

ユニークなアー
ツ・ディストリクト・
コープの壁画

街のあちこち
に大小さまざま
な壁画を見つけ
ることができる

ギャラリーも多く、
街全体がクリエイ
ティブな雰囲気

アーツ・ディストリクト・コープ

The Arts District Co-op MAP P31A2／別冊P7D4

女性向けのア
パレルも出店

倉庫を改造したアート発信基地

レンガ造りの元倉庫を利用したシェ
アストア。広いスペースに、LAの
アパレル、バッグなどのファッショ
ン小物、雑貨、アートのブースが
並ぶ。この街らしい個性的なグッ
ズばかりで、お手頃価格。イベン
ト開催もあるので要チェック。

DATA メトロ A・Eライン LITTLE TOK
YO/ARTS DISTRICT駅から徒歩15
分 住453 Colyton St. TEL(213)
223-6717 営13〜18時 休なし

イート・ドリンク・アメリカーノ

Eat Drink Americano MAP P31A1／別冊P7D3

新鮮食材で作る絶品ディッシュ

2012年にオープンした、ニューアメリ
カン料理の人気店。アメリカのおい
しい食材を鮮度抜群のまま仕入れて、
極うまのバゲットサンドやサラダに。

ブリオッシュに具がたっぷり
の「バーベキュー・ブルド・
ポーク」$13.95

DATA メトロ A・Eライン LITTLE TOKYO/ARTS DISTRICT駅から徒歩10分 住
923 E. 3rd St. TEL(213)620-0781 営11〜22時（金曜は〜24時、土曜10
〜24時、日曜10〜22時） 休月曜

ロサンゼルスのオシャレエリア

ハイエンドなビバリーヒルズ

オシャレなセレクトショップが立ち並び、トレンドの発信地として知られるロバートソンは、旅行者の要チェックエリア。カフェでひと息入れながら歩いてみよう！

Rodeo Drive
憧れブランドが集結！ MAP 別冊P9A1~B2
ロデオ・ドライブ周辺

街歩きのPOINT

メトロバス20・720番のWILSHIRE BLVD./RODEO DR.が起点。店はRodeo Dr.とBeverly Dr.沿いに集中。高級デパートはWilshire Blvd.沿いに並んでいる。ゆっくりまわっても2～3時間。

ショッピング・ゾーン

 トゥー・ロデオ
Two Rodeo MAP P33B2／別冊P9B2

ヨーロッパのような街並み

ロデオ・ドライブの入口にあるミニ・モール。記念撮影スポットとしても人気。セレブ気分でブランチができるレストランや、ティファニーやベルサーチなどの高級ブランドショップが入っている。

DATA メトロバス20・720番 RODEO DR./WILSHIRE BLVD.からすぐ （310）247-7040 9480 Dayton Way

高級感あふれる雰囲気でまるで映画のよう

ショッピングセンター

ロデオ・コレクション
Rodeo Collection MAP P33A1／別冊P9A1

優雅に楽しめるショッピングモール

中庭をぐるりと囲む建物はレンガと大理石で造られていて高級感たっぷり。ブルガリなど高級ブランド店や宝石店のほか、サロンやスパなどが軒を連ねる。レストランもある。

ショップとレストラン約10店舗が入っている

DATA メトロバス4番SANTA MONICA BLVD./CAMDEN DR. から徒歩4分 421 N. Rodeo Dr. （310）276-9600 店舗により異なる

落ち着いた雰囲気でゆったりと買い物できる

ウィルシャー・ブールバードの高級デパート

ニーマン・マーカス
Neiman Marcus MAP P33A2／別冊P9A2

セレブ御用達デパート

1907年テキサス州ダラスで創業したデパート。高級ブランドからインテリア、ギフト、化粧品と幅広い品揃えで人気だ。

DATA メトロバス20番ROXBURY DR./WILSHIRE BLVD.から徒歩1分 9700 Wilshire Blvd. （310）550-5900 10～19時（日曜12～18時）なし

サックス・フィフス・アベニュー
Saks Fifth Avenue MAP P33A2／別冊P9A2

NYの高級デパート

ニューヨークを拠点とする人気の高級デパート・チェーン。アパレル、靴、鞄、アクセサリーなど何でも揃う。

DATA メトロバス20番ROXBURY DR./WILSHIRE BLVD.から徒歩2分 9600 Wilshire Blvd. （310）275-4211 10～19時（日曜12～18時）なし

映画のロケ地で 📷 パチリ！

ビバリー・ウィルシャー・ビバリーヒルズ

Beverly Wilshire Beverly Hills
(A Four Seasons Hotel)

MAP P33B2／別冊 P9B2

映画『プリティ・ウーマン』の舞台になったホテル。リチャード・ギアが映画の中で定宿としていたのがここ。実際の撮影は外観のみだが、カフェだけでも立ち寄る価値あり！

DATA 🚌メトロバス20・720番RODEO DR./WILSHIRE BLVD.からすぐ 🏠9500 Wilshire Blvd. ☎(310) 275-5200 💰$895～ 🌐www.fourseasons.com/beverlywilshire

（地図）

ファッション

🏠 オールセインツ

AllSaints **MAP** P33B1／別冊 P9B2

セレブにも人気の英国ブランド

ハイストリート・ブランド、「オールセインツ」のL.A.直営店。都会的なシルエットのレザー素材のウェアや小物を得意とし、磨き上げられたクオリティは確か。

DATA 🚌メトロバス617番BEVERLY DR./BRIGHTON WAYから徒歩2分 🏠422 N. Beverly Dr. ☎(310)499-0970 🕐11～19時（日曜12～18時） 休なし

1994年にロンドンで創業。2016年に日本でも展開開始

モードに敏感なLAっ子の注目を集めている

レディスのウェア、バッグなどファッション小物も充実

カップケーキ

☕ スプリンクルズ・カップケーキ

Sprinkles Cupcakes **MAP** P33A1／別冊 P9A1

LAを代表するカップケーキ

LAのカップケーキ専門店の草分け的存在。20種類以上あるカップケーキは、曜日によってフレーバーが変わる。一番人気は真っ赤なスポンジが印象的なレッド・ベルベット。

DATA 🚌メトロバス4番SANTAMONICA BLVD./CAMDEN DR.から徒歩2分 🏠9635 S. Santa Monica Blvd. ☎(310) 274-8765 🕐10～21時（金・土曜は～22時、日曜は～20時） 休なし

カップケーキは$5～

For here とオーダーすれば店内で食べられる

店の外には自動販売機も

カップケーキミックス各$17。自宅でトライ

とってもキュートなミニチュア・トイ$15

おしゃれセレクトショップが集結! **MAP** 別冊P9A3~4

Robertson Blvd.
ロバートソン・ブールバード

街歩きのPOINT 🚶

3rd St.からBeverly Blvd.の間2ブロックにわたって両側にセレクトショップやブティックが並び、徒歩でショッピングができる。歩き疲れたらカフェなどで休憩しながら、のんびりショッピングを楽しもう。

ファッション

🛍 カーブ
Curve **MAP** P34A1

上品でシンプルなアイテム

ニューヨークのロフトをイメージしたスタイリッシュな店構えのセレクトショップ。ヴァレンチノなどヨーロッパブランドを中心にしたアイテムがセンスよく並んでいる。

DATA 🚌メトロバス617番ROBERTSON BLVD./3RD ST.から徒歩5分　🏠154 N. Robertson Blvd.　📞(310) 360-8008　🕐11～19時(日曜12～18時)　休なし

華やかな雰囲気を演出してくれるフランス人デザイナーによるゴージャスなピアスとネックレス

上質なアイテムのセレクトが中心で一点ものも多い

カジュアルからフォーマルまで活躍するアイテム

★ ☆ ☆ ★ ☆ ★ ☆ ★ ☆ ★ ☆ ★ ☆ ★ ☆ ☆ ★ ☆ ★ ☆ ★ ☆ ★ ☆ ★ ☆ ★ ☆

ファッション

🛍 ローレン・モシ
Lauren Moshi
MAP P34A1

インパクトあるプリント柄

地元出身の姉弟が立ち上げたブランド。独自の世界観で描くモチーフは、繊細ながら勢いのあるデザイン。シルエットの美しさにもこだわりあり。

DATA 🚌メトロバス617番ROBERTSON BLVD./3RD ST.から徒歩2分　🏠107-109 N. Robertson Blvd.　📞(310) 903-3252　🕐11～18時　休なし

店内に展示されたアートの販売も行う

Tシャツなど普段着にスパイスを効かせたアイテムが揃う

（地図内）
スターバックス・コーヒー
マイケル・アラム
●カーブ
ヘンリー
ブルー・ボトル・コーヒー
ロバートソン・プラザ●
アイビー・
ローレン・モシ
Alden Dr.
Robertson Blvd.
ロバートソン・ブールバード
サード・ストリート
3rd St.
617
ビバリー・ブールバード
Beverly Blvd
0　50m

パチリ！

セレブ出没SPOTで 📷

複合施設

ロバートソン・プラザ
Robertson Plaza
MAP P34A1

レストランやカフェは休憩に◎

成長を続ける地元の憩いの場

ロバートソン・ブールバードに面した複合施設。落ち着いた空間には、休憩にぴったりなカフェやレストランバーがある。

DATA 🚌メトロバス617番ROBERTSON BLVD./3RD ST.から徒歩2分 📍116-120 N. Robertson Blvd. 📞なし ⏰店舗により異なる

ロバートソン・ブールバードの活性化に貢献する新施設と注目されている

ツタと白いパラソルが目印

アイビー
The Ivy
MAP P34A1

パパラッチの撮影ポイントとしても知られるレストラン。パティオ席は特に人気。隣のテーブルにセレブが座っているなんてことがあるかも!?

DATA 🚌メトロバス617番ROBERTSON BLVD./3RD ST.から徒歩3分 📍113 N. Robertson Blvd. 📞(310)274-8303 ⏰8～21時（最終予約）※予約は各テーブル1時間30分（夕食は2時間）まで ⏰なし

ロバートソン・プラザ内のオススメSPOT

ヘンリー
The Henry

ローカルの憩いの場として、ランチやディナーに人気のレストラン。ドリップコーヒーやカクテルなども豊富。シンプルな味わいのアボカドのトースト$16がおすすめ。

DATA 📞(424)204-1595 ⏰10～22時（金曜は～23時、土曜9～23時、日曜9時～）⏰なし

丸形のカラフルなタコス

テラス席でのブランチも◎

ブルー・ボトル・コーヒー
Blue Bottle Coffee

カリフォルニア発祥のコーヒー店。おしゃれなサードウェーブコーヒーの先駆者として知られ、こだわりのエスプレッソが楽しめる。

DATA 📞(510)653-3394 ⏰6～17時（土・日曜7時～）⏰なし

カフェラテはラテアートを描いてくれることも

青いボトルの看板が目印。オリジナルグッズも購入できる

セレブ御用達ストリート

ウエスト・サード・ストリート
West 3rd Street **MAP** 別冊P9A4-B4

ショッピングモールのビバリー・センターやグローブもこの通り沿いにあり、ハイセンスなショップやカフェが並ぶ人気ストリート。

アイスクリーム

ジンジャーズ
Ginger's Divine Ice Cream
MAP 別冊P9B4

定番のバニラビーン $6.65～

★★★☆★★★☆★★☆☆★★☆☆★

やさしい味の手作りアイス

LAのベストアイスクリームのランキングでも上位にあがる人気店。新鮮な果物やジュースを使ったアイスが人気。

DATA 🚌メトロバス16・218番3RD ST./ORLANDO AVE.から徒歩1分 📍8430 W. 3rd St. 📞(323)297-3245 ⏰12～22時 ⏰なし

季節ごとに定期的にメニューが入れ替わる

カフェ

ジョアンズ・オン・サード
Joan's on Third
MAP 別冊P9B4

朝から賑わうカフェ

カフェでは、好みの3種のデリが選べるサラダ・トリオが好評。店内はグロサリーになっており、焼きたてパンやスイーツ、ジャムが並ぶ。

DATA 🚌メトロバス16・218番3RD ST./ORLANDO AVE.から徒歩1分 📍8350 W. 3rd St. 📞(323)655-2285 ⏰8～18時 ⏰なし

サラダ・トリオ$15.50。チキンサラダ、グリル・アスパラガス、ペンネ・アラビアータをチョイス

LAのトレンドがわかる
流行最先端の街メルローズ

メルローズは魅力的なブティックから、セレクトショップ、ヴィンテージまで、買い物好きは
外せないエリア。ストリートファッションに興味がある人はラ・ブレアとセットで訪れよう。

ヴィンテージ&個性派ショップがいっぱい 🗺 別冊P10A3〜11D3

Melrose Avenue
メルローズ・アベニュー

街歩きのPOINT 🚶

メトロバス10/48・212番のMELROSE AVE./
FAIRFAX AVE.が起点。Fairfax Ave.から西側に
高級ブティックやセレクトショップが多く、東側に
カジュアルファッションやヴィンテージの店が並
ぶ。西から東まですべてをまわるには丸1日は必要。

ヴィンテージ

 L.A.ローズ 🗺 P36A1／別冊P10B3
L.A.Rose Vintage Fashion

女の子らしい商品がいっぱい

60〜80年代を中心としたヴィンテー
ジ商品を扱う。花柄やレースなど
キュートな商品が多い。ほかでは入
手困難なコレクターズ・バッグなど
もあり、見逃せない。

DATA 🚌メトロバス10/48番 MELROSE
AVE./CRESCENT HEIGHTSからすぐ
🏠8064 Melrose Ave. ☎(323) 938-9909
🕐12〜19時 休日曜

クラシック
でゴージャ
スな装いの
トップス

アクセサリ
やバッグ
などの小物
も揃う

60年代後半
のレトロな
ワンピース

日本人に人気
のハンドメイ
ドアクセ

小さな店だが商品のラ
インナップは充実

スペシャリティストア

ロンハーマン
Ron Herman
MAP P36A1／別冊P10B3

セレブ御用達のスペシャリティストア

バイヤーとして活躍するロン・ハーマン氏のスペシャリティストア。有名デザイナーから新進の地元デザイナーまで、ほかでは入手できない幅広い商品が揃う。カフェも併設。

DATA メトロバス10/48番 MELROSE AVE./CRESCENT HEIGHTS からすぐ 8100 Melrose Ave. (323) 651-4129 11～18時(木～土曜は～19時) なし

1階はカジュアル、2階はラグジュアリー　セレブにもファンが多い

ヴィンテージ

ワールド・オブ・ヴィンテージ・Tシャツ
World of Vintage T-shirts
MAP P36B1／別冊P11C3

お宝Tシャツを探すなら

ヴィンテージTシャツの専門店。60年代のTシャツを中心に、2000枚以上の品揃え。ジャスティン・ティンバーレイクらセレブも来店する。

DATA メトロバス10/48番 MELROSE AVE./SPAULDING AVE.からすぐ 7701 Melrose Ave. (323) 651-4058 11～19時 なし

個性派シャツ探しも楽しい

ファッション

ヴィヴィアン・ウエストウッド
Vivienne Westwood
MAP 別冊P10A3

今なおアヴァンギャルドを発信する

英国のパンク・ロックバンド、セックス・ピストルズの衣装からキャリアをスタート。19世紀以前のヨーロッパの衣装にインスパイアされたデザインが魅力。

DATA メトロバス10/48番 MELROSE AVE./HARPER AVE. から徒歩2分 8320 Melrose Ave. (323) 951-0021 10～18時(日曜12～17時) なし

ショップ外観の壁面には大きなロゴが描かれている

ロゴをモチーフとしたプリントなど、ヴィヴィアン全レーベルのアイテムが並ぶ

ストリート系カジュアルとインテリア店が集中

ラ・ブレア・アベニュー
La Brea Avenue
MAP 別冊P5C3

美術館並みのコレクションを誇るアンティークショップや、ストリート・カジュアルを扱う人気ショップが集まるエリア。

太陽と青空が似合う

開放的なサンタモニカ

LAにある数多くのビーチのなかでもアクセスがよく、観光客に人気のエリア。開放的な雰囲気で、夜遅くまで賑わいが絶えない。サード・ストリート・プロムナード周辺が街の中心。

サンタモニカで一番賑わうストリート 🄜 別冊P8A1~2

3rd Street Promenade
サード・ストリート・プロムナード

街歩きのPOINT 🚶

サード・ストリート・プロムナードのBroadwayからWilshire Blvd.までの3ブロックが歩行者天国となっており、両側に店舗が並ぶ。ダウンタウンからは、メトロレイルのEラインを利用して終点のDOWNTOWN SANTA MONICA駅へ。サンタモニカ内の移動はビッグブルー・バス（BBB）が便利。

オープンエアの3階建てのモール

（ ショッピングモール ）

🏪 サンタモニカ・プレイス
Santa Monica Place　　🄜 P39A3/別冊P8A2

オープンエアの明るいモール

カジュアルから高級ブランドまでショップ約60店舗と3フロアにわたる大型デパートのノードストロームが入った開放的な雰囲気のモール。レストランやフードコートも充実しているので、歩き疲れたらここでひと休みしよう。

DATA 🚇Ⓜ️Eライン DOWNTOWN SANTA MONICA駅から徒歩5分 🏠395 Santa Monica Place 📞(310) 260-8333 ⏰10～20時（日曜11～19時）※店舗により異なる 🈚なし

サンタモニカ・プレイス内のおすすめSPOT

（ ファッション ）

ペイジ
Paige

2004年にLAで誕生したデニムのブランド。上質な素材とカジュアルなスタイルで人気。

DATA 🏠1F 📞(310) 775-7041

（ デパート ）

ノードストローム
Nordstrom

シューズショップから始まったデパートは、靴コーナーが充実。1階にはカフェもある。

DATA 🏠1-3F 📞(310) 752-2701

（ レストラン ）

ルル・ルーフトップ・レストラン・ラウンジ
LOULOU Rooftop Restaurant Lounge

開放的なオープンエアのパティオで楽しむ、フレンチスタイルのカリフォルニアキュイジーヌ。地元の有機野菜と魚介類を使った料理が好評。

DATA 🏠3F 📞(310) 410-2337

バーニーズ・ビーナリー
Barney's Beanery　MAP P39A2

老舗のアメリカン大衆食堂

朝から深夜まで営業しており、気軽に入れるアメリカンなレストラン。懐かしいアメリカ映画のワンシーンを思わせるインテリアにも注目。

レトロな雰囲気の店内。アメリカンな食事が楽しめる

DATA 交Eライン DOWNTOWN SANTA MONICA 駅から徒歩9分　住1351 3rd St. Promenade　(310)656-5777　時11〜24時（金曜は〜翌1時30分、土曜9時〜翌1時30分、日曜9時〜）　休なし

★ ☆ ★ ☆ ★ ☆ ★ ☆ ★ ☆ ★ ☆ ★ ☆ ★ ☆ ★ ☆ ★ ☆ ★ ☆ ★ ☆ ★ ☆ ★ ☆ ★ ☆

テンダー・グリーンズ
Tender Greens　MAP P39A1

厳選素材を味わう

LAをはじめ、カリフォルニア周辺で展開するヘルシーカフェ。野菜やコーヒーなど地元産にこだわった料理を提供する。

チキンのグリル$15.25 などヘルシーメニューが充実

DATA 交Eライン DOWNTOWN SANTA MONICA 駅から徒歩11分　住201 Arizona Ave.　(310)587-2777　時10時30分〜21時　休なし

★ ☆ ★ ☆ ★ ☆ ★ ☆ ★ ☆ ★ ☆ ★ ☆ ★ ☆ ★ ☆ ★ ☆ ★ ☆ ★ ☆ ★ ☆ ★ ☆ ★ ☆ ★ ☆

パズル・ズー
Puzzle Zoo　MAP P39A2

フィギュアならココ！

コレクターグッズから大人向け玩具まで揃うトイ・ショップ。映画やテレビで人気のアメコミのフィギュアはマニアには必見。

貯金箱などアメコミ・グッズがたくさん

キュートな懐中電灯

DATA 交Eライン DOWNTOWN SANTA MONICA 駅から徒歩8分　住1411 3rd St. Promenade　(310)393-9201　時11〜18時　休なし

映画のロケ地で 📷 パチリ！

サンタモニカ・ピア
Santa Monica Pier　MAP 別冊P8A2

115年の歴史をもつ板張りの桟橋。映画『アイアンマン』やドラマ『ビバリーヒルズ高校白書／青春白書』など多くの映画やドラマのロケ地として有名。レストラン「パパ・ガンプ・シュリンプ」もトム・ハンクス主演の『フォレスト・ガンプ／一期一会』に登場した。

桟橋の先端には遊園地もある

DATA 交Eライン DOWNTOWN SANTA MONICA 駅から徒歩9分　住Colorado Ave.の突き当たり　電なし　時休施設・店により異なる　URL santamonicapier.org

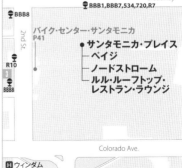

Abbot Kinney Blvd.

LAで一番ヒップなストリート　MAP 別冊P8A4

アボット・キニー・ブールバード

街歩きのPOINT

ベニス・ビーチのオーシャン・フロント・ウォークから歩いて15分。道の両側におしゃれなショップやレストランが並んでいるので、ブラブラ歩きに最適。端から端までゆっくり歩いても1時間程度。

ファッション

カジュアルなシグネチャー・フーディ

アビエーター・ネーション
Aviator Nation　MAP P40A1

レインボーがテーマのファッションが並ぶ

1970年代の音楽やファッションを意識したデザインが人気で、ローカルからもよなく愛されているライフスタイル・ブランド。

カラフルに彩られた壁が印象的。レインボーカラーが特徴だ

DATA 交ビッグブルー・バス18番CALIFORNIA AVE./ABBOT KINNEY BLVD.から徒歩3分　住1224 Abbot Kinney Blvd.　電(310)396-9400 時10〜21時 休なし

雑貨

グロウ・ベニス
Grow Venice　MAP P40B1

地元デザイナーの小物が中心

一軒家の中庭のような雰囲気の雑貨店。かわいい店内にはキッチン用品やインテリアになりそうな小物、アクセサリー、帽子などがセンスよく並べられている。

DATA 交ビッグブルー・バス18番CALIFORNIA AVE./ABBOT KINNEY BLVD.から徒歩10分　住1650 Abbot Kinney Blvd.　電(310)729-2731 時10〜18時 休なし

個性的なトートバッグ

屋外スペースに商品がディスプレイされている

不思議カワイイ、チェックやストライプ柄のぬいぐるみ

サングラス

グダー・サングラス
goodr sunglasses　MAP P40B1

LA発のスポーツサングラス

ハッピーマインドと自分スタイルにこだわり、2015年にランニングを楽しむ人のために生まれたサングラスの専門店。フレームやカラーのバリエーションが豊富でポップなデザインが人気。

DATA 交ビッグブルー・バス18番 CALIFORNIA AVE./ABBOT KINNEY BLVD.から徒歩1分　住1348 Abbot Kinney Blvd.　電(847)232-9923 時11〜18時 休なし

まるでギャラリーのような店内　大きなサングラスの看板が目印

ソルト&ストロウ
インテリジェンシア・コーヒー
エラワン・ナチュラル・フーズ・マーケット
アボット・キニー・ブールバード　BBB18番
ヴェニス・ビーチ
BBB1番
ウェストミンスターアベニュー・エレメンタリー・スクール
アビエーター・ネーション
グロウ・ベニス
グダー・サングラス

ひと休みSPOT

ジェラート

ソルト＆ストロウ
Salt & Straw　**MAP** P40B1

人気のバルサミコ酢とストロベリーのアイスクリーム

行列必至のヘルシーな
アイスクリーム店

地元で爆発的な人気を集めているアイスクリームショップ。ヘルシーをコンセプトにし、バルサミコ酢＆ストリベリー、梨とブルーチーズなど絶妙な組み合わせも◎。

アイスクリーム1スクープ
$6.50〜

DATA 🚌ビッグブルー・バス18番CALIFORNIA BLVD./ABOTT KINNEY AVE.から歩1分　🏠1357 Abbot Kinney Blvd.　📞(310)310-8429　🕐12〜23時　🈳なし

★☆★☆★☆★☆★☆★☆★☆★☆★☆★

コーヒー

インテリジェンシア・コーヒー
Intelligentsia Coffee　**MAP** P40B1

バリスタが淹れるおいしいコーヒー

シカゴ発の人気コーヒー店。熟練したバリスタが丁寧にコーヒーを淹れてくれる。ハーブティーやペストリーも充実。コーヒー豆は数種類から選べる。

DATA 🚌ビッグブルー・バス18番CALIFORNIA AVE./ABBOT KINNEY BLVD.から歩2分　🏠1331 Abbot Kinney Blvd.　📞(310)399-1233　🕐6〜18時（土・日曜は〜19時）　🈳なし

開放的なカフェに続くレンガ造りの入口

コーヒー$5〜。好みの味わいを見つけて

レンタサイクルでサンタモニカをぐるり 🚲

サンタモニカ・ビーチ沿いには、自転車専用道路があり、海を見ながらサイクリングが楽しめる。自転車をレンタルすれば、ヴェニス・ビーチまでらくらくアクセス。

SHOP INFO ### バイク・センター・サンタモニカ
The Bike Center Santa Monica　**MAP** P39A3

アメリカ最大のバイクステーション。

DATA 🚇Eライン DOWNTOWN SANTA MONICA駅から歩5分　🏠1555 2nd St.　📞(310)656-8500　🕐9〜17時（土・日曜は〜19時）　🈳なし　🚲1時間$12.50〜

●サイクリングの注意点

自転車を借りるにはパスポートなど身分証明書とクレジットカードが必要。ビーチ沿いの遊歩道では、歩行者専用道路は走らないよう注意。自転車を停めてショップやレストランに入るときは、盗難防止のために必ず自転車を柱などにチェーンで固定しよう。

まだある！サンタモニカのおすすめエリア

サンタモニカとは違った高級感
モンタナ・アベニュー
Montana Avenue　**MAP** 別冊P8A1

ローカル度が高い閑静なエリア。おしゃれなセレクトショップやカフェが立ち並ぶ。のんびりショッピングを楽しむには最適。

おすすめSPOT

★ムーンダンス・ジュエリー・ギャラリー Moondance Jewelry Gallery（→P27）

サンタモニカからヴェニスに続く通り
メイン・ストリート
Main Street　**MAP** 別冊P8A3-A4

サンタモニカからヴェニスへとつながる道に、カフェやショップが点在。2つのビーチを起点＆終点に散策するのがおすすめ。

おすすめSPOT

★アース・カフェ Urth Caffé（→P52）
★フリー・ピープル Free People（ファッション）… **MAP** 別冊P8A3

ひと足延ばして

徒歩でまわれる、映画好き必見の街
カルバーシティ
Culver City　**MAP** 別冊P2B3

ソニー・ピクチャーズ・スタジオやアマゾン・スタジオがある。アートギャラリーや劇場、歴史を感じさせる建物も多い。

アール・デコ調の建物をリノベーションしたシチズン・パブリック・マーケット

カフェやショップが集まるザ・カルバー・ステップス

ヒップでエネルギッシュな街を体感

音楽好きが集まるヴァイナル

Vinyl

MAP 別冊P10A1〜11D1

レコーディング・スタジオや音楽レーベル、レコードショップも多い
音楽産業の街が、ヒップな街に変貌を遂げている。

グランドマスター・レコーダーズ
Grandmaster Recorders **MAP** P42A1/別冊P10B1

改築したレコードスタジオに3つの注目施設

レコーディング・スタジオだった場所をリノベーション。大物ミュージシャンが使用したスタジオの雰囲気が色濃く残っている。

DATA 交MBライン HOLLYWOOD/VINE駅から徒歩10分 住1518 N. Cahuenga Blvd. ☎(323)963-7800

街歩きのPOINT

徒歩で楽しめるエリアだが、賑わいの中心はHOLLYWOOD/VINE駅界隈やSunset Blvd.とCahuenga Blvd.の周辺。日中と夜では街の様子が変わるため、夜間は人通りの少ない通りを避け、タクシーを利用するようにしよう。

グランドマスター・レコーダーズ内のオススメSPOT

スタジオ71
Studio71

1階のバーは、1971年に設立された伝説的なレコーディング・スタジオの音楽遺産と歴史を感じることができる。

DETA 時20時〜翌2時 休日〜木曜

ルーフトップ
Rooftop

ハリウッドの街並みを眺めながら軽食やカクテルが楽しめる。平日16時〜18時、週末12〜15時はハッピーアワー。

DETA 時16時〜翌2時（土・日曜12時〜）休なし

グランドマスター・レストラン
Grandmaster Restaurant

オーストラリアのアクセントを効かせたモダンイタリア料理のレストラン。一皿一皿が美しく、お酒との相性もよい。

DETA 時17時30分〜22時 休日曜 ※要予約

ルーフトップ
Rooftop **MAP** P42A1/別冊P10B1

ハリウッドの街並みを見渡す

ママ・シェルター・ホテルの屋上にあるカリフォルニアらしいレストラン。開放感たっぷりの屋上ダイニングでディナーが楽しめる。

DETA 交MBライン HOLLYWOOD/VINE駅から徒歩9分 住6500 Selma Ave. ☎(323)785-6600 時12〜24時（金・土曜は〜翌2時）休なし

トロピカルカラーのテーブル席

屋上からはハリウッド・サインも眺めることができる

スペルバ・フード＋ブレッド
Superba Food + Bread **MAP** P42A1/別冊P10B1

軽食から貝やロブスターなど魚介類まで

ブランチからディナーまで一日中使えるカジュアルなカフェレストラン。1920年代にランドマーク的存在だった歴史を感じさせる建物は要チェック。

DETA 交MBライン HOLLYWOOD/VINE駅から徒歩13分 住6530 Sunset Blvd. ☎(323)364-9844 時11〜22時（土・日曜9時〜）休なし

ハリウッド・ブールバード
ハリウッド/ヴァイン駅
パンテージズ・シアター
METRO B LINE
Carlton Way
ルーフトップ
ママ・シェルター
Selma Ave.
ザ・ハイライト・ルーム・グリル
ドリーム・ハリウッド
ファーマーズ・マーケット
トミー・ハリウッド
サンセット・ブールバード
グランドマスター・レコーダーズ
スペルバ・フード＋ブレッド
スタジオ71
ルーフトップ
グランドマスター・レストラン
シネマ・ドーム
サンセット・ガワー・スタジオ

音楽もスポーツもグルメも楽しめるエンタメ複合施設

L.A.ライブでエンタメ体験

ダウンタウンを一大エンターテインメント地区にする再開発プロジェクトで誕生した話題の複合施設。ここ1カ所で音楽、スポーツ、映画、グルメがすべて楽しめる。

L.A.ライブ
L.A. Live

MAP P44A1／別冊 P6A4　**エリア** ダウンタウン

LA ダウンタウンにある複合施設

スポーツから音楽まで楽しめる一大エンターテインメント施設。LAライブの誕生で、廃墟化していたダウンタウンのイメージが一新。劇場や映画館など娯楽施設や、グラミー博物館などの文化施設、バラエティ豊かなレストラン、ホテルもあり、さまざまな楽しみ方ができる。

DATA 交 Ⓜ A・EラインPICO駅から徒歩8分　住800 W. Olympic Blvd.　☎(213) 763-5483/866-548-3452　時休料施設により異なる　URL www.lalive.com

野外イベント

🎤 エックスボックス・プラザ
XBox Plaza

L.A.ライブ内のメイン広場

玄関口でもあるメイン広場では、コンサートや映画のプレミアなどさまざまな屋外イベントが開催される。巨大スクリーンに映し出される映像も魅力。

DATA 時休料イベントにより異なる

Yeah! Yeah!

中央広場の大型スクリーンが目印。さまざまな施設からなる複合施設で、ライトアップした夜もきれい

音楽

🎵 グラミー博物館
Grammy Museum

CHECK

L.A.ライブ内で音楽の魅力を体験

音楽界最高の栄誉といわれるグラミー賞が、2008年に創設50周年を迎えた記念として設立された博物館。授賞式でビヨンセが着用したドレスなど、グラミー賞関連の展示のほか、楽器を体験演奏できるコーナーも。

DATA ☎(213) 725-5700　時11～17時（土曜10～18時）　休火曜　料S18　URL www.grammymuseum.org

2階のミュージックショップでみやげをゲット

博物館周辺の路面に埋め込まれた記念プレート

音楽の歴史を年代ごとに展示。グラミーの変遷がひと目でわかる展示もある

スポーツ

🏀 クリプト・ドットコム・アリーナ
Crypto.com Arena

MAP 別冊 P6A4

ロサンゼルス・レイカーズの本拠地

プロバスケットボール・リーグNBAのレイカーズ、プロアイスホッケー・リーグNHLのキングスの本拠地。グラミー賞授賞式会場としても知られ、人気アーティストのコンサートなども開催されている。

ロサンゼルス・レイカーズとは？
コービー・ブライアントらスター選手を輩出する人気のチーム。2023年には八村塁が移籍。優勝回数17回を誇る強豪だ。10月末～4月がレギュラーシーズンで、年間82試合が行われる。

DATA 交 Ⓜ A・EラインPICO駅から徒歩4分　住1111 S Figueroa St.　☎(888) 929-7849　時休料イベントにより異なる　URL www.cryptoarena.com

2024年秋に改築工事が終了予定

エンターテインメント施設も充実

アート建築なら**ダウンタウン**

Downtown

MAP 別冊P6〜7

再開発が進むエリア。古い歴史ある街並みとビジネス街の顔だけでなく、
活気に満ちたエンターテインメント街としても注目。

ミュージック・センター
The Music Center

MAP P44B1／別冊P7C2

3つの施設からなる音楽と演劇の中心

ウォルト・ディズニー・コンサート・ホール、アーマンソン・シアター、ドロシー・チャンドラー・パビリオンの3つの劇場と屋外広場、公園からなるロサンゼルスの音楽と演劇の中心。音楽やオペラ、ミュージカル、演劇が気軽に楽しめる。

DATA 交MB・DラインCIVIC CENTER/GRAND PARK駅から徒歩6分 住135 N. Grand Ave. ☎(213)972-7211 時休料イベントにより異なる URLwww.musiccenter.org

＼オペラ・バレエなら／
ドロシー・チャンドラー・パビリオン。ロサンゼルス・オペラの本拠地

＼ミュージカルなら／
アーマンソン・シアター。ミュージカルの公演がメイン

街歩きのPOINT

多くの施設が徒歩圏内なので、のんびり街歩きを楽しもう。ユニオン・ステーションへはメトロの利用がオススメ。オフィス街のため、夜は人通りが少なくなるので要注意。

＼クラシックなら／
ウォルト・ディズニー・コンサート・ホール。ロサンゼルス・フィルハーモニー管弦楽団の本拠地

天使のマリア大聖堂
Cathedral of Our Lady of the Angels

MAP P44B1／別冊P7C2

全米最大のカトリック教会

世界で3番目に大きい聖堂は、スペインの有名建築家ホセ・ラファエル・モネオによるもの。無料のセルフガイドツアーも。

DATA 交MB・DラインCIVIC CENTER/GRAND PARK駅から徒歩5分 住555 W. Temple St. ☎(213)680-5200 時6〜18時（土曜9時〜、日曜7時〜）休なし 料無料 URLwww.olacathedral.org

ロサンゼルス現代美術館
The Museum of Contemporary Art (MOCA)

MAP P44B1／別冊P7C2

日本人が設計した現代アートの美術館

1940年代から現代までの作品約5000点を所蔵。展示は3〜5カ月ごとにテーマの変わる企画展が中心。2時間はみておこう。

DATA 交MA・EラインGRAND AV ARTS/BUNKER HILL駅から徒歩3分 住250 S. Grand Ave. ☎(213)626-6222 時11〜17時（木曜は〜20時、土・日曜は〜18時）休火曜 料$18 URLwww.moca.org

天使のマリア大聖堂
アーマンソン・シアター
マーク・テーパー・フォーラム
ドロシー・チャンドラー・パビリオン
ウォルト・ディズニー・コンサート・ホール
グランド・アベニュー・アーツ／バンカー・ヒル
ミュージック・センター
ロサンゼルス現代美術館
在ロサンゼルス日本国総領事館 P141
セブンス・ストリート／メトロ・センター
L.A.ライブ P43
シェラトン・グランド・ロサンゼルス・ダウンタウン P63
ピコ
ユニオン・ステーション
シビック・センター／グランド・パーク
ヒストリック・ブロードウェイ
ロサンゼルス警察
リトル・トーキョー／アーツ・ディストリクト
パーシング・スクエア
ミレニアム・ビルトモア・ホテル・ロサンゼルス P62
ダブルツリー・バイ・ヒルトン・ロサンゼルス・ダウンタウン
リトル・トーキョー・マーケットプレイス P62
都ホテル・ロサンゼルス P62
リトル・トーキョー
Hop-on Hop-off
0 200m

映画のロケ地で

パチリ！

ユニオン・ステーション
Union Station

MAP P44B1／別冊P7D2

アール・デコ調の内装が美しい駅。『キャッチ・ミー・イフ・ユー・キャン』や『レインマン』など数多くの映画の撮影にも使われている。レトロな待合室や列車のホームなどどこを切り取っても映画の世界！

DATA 交MA・B・DラインUNION STATION 駅 住800 N. Alameda St. ☎(213)638-6875

ヒストリックタウンを散策

クラシカルなパサデナ

Pasadena

MAP 別冊P3D1

ダウンタウンの北にあるパサデナ。赤レンガ造りの古い街並みに、
センスのよい店やオシャレなカフェなどが集まる。

ワン・コロラド

One Colorado　**MAP** P45A1

古い街並みに新しさが融合

オールド・パサデナの一角、Colorado
Blvd.とFair Oaks Ave.の1ブロックを有
する複合施設。19世紀末から20世紀初頭
に建てられた古い建物をそのまま生かし、
39のショップとレストランが入っている。

DATA 交Aライン MEMORIAL PARK駅から徒
歩6分　住41 Hugus Aly.　☎(626)564-1066
時休ショップやレストランにより異なる

人気ショップやレ
ストランが集結

レンガ造りの建物が並び趣がある

街歩きのPOINT 🚶

街の中心オールド・パサデナはColorado Blvd.とFair Oaks Ave.の
交差点。ワン・コロラド、パセオなどショッピングエリアは徒歩圏内。
ノートン・サイモン美術館へはメトロバス180番を利用。

ワン・コロラド内のオススメSPOT

☕ ドッツ・カップケーキ
Dots Cupcakes

吟味した素材で作られたカップケー
キは、日替わりメニューもある。レギ
ュラー$3.85、ミニ$2.25。

DATA 住21 N. Fair Oaks Ave.　☎(626)
744-7719　時9〜17時　休月・火曜

テイクアウト用
のボックスはギ
フトにも喜ばれ
そうなデザイン

フラワーモチーフのアイシング。
食べるのがもったいないくらい

★☆

パセオ

The Paseo　**MAP** P45B1

ゆったりとショッピングを

オープンエアでゆったり買い物が
楽しめるショッピングモール。人気ブランドのショップとレ
ストランが32店舗入る。休憩できるカフェなども充実。

DATA 交Aライン MEMORIAL PARK駅から徒歩6分
住300 E. Colorado Blvd.　☎(626)795-9100　時10〜21時(日
曜11〜18時)※店舗により異なる　休なし

コパ・ヴィーダ

Copa Vida　**MAP** P45A1

本格コーヒーを味わう

目抜き通りから1本入ったところにある本格
カフェ。ドリップ、サイフォン、エスプレッ
ソマシンなどの機器でドリンクを提供。

DATA 交Aライン DEL MAR駅から徒歩5分
住70 S. Raymond Ave.　☎(626)213-3952
時7時30分〜19時　休なし

★☆★

ノートン・サイモン美術館

Norton Simon Museum　**MAP** 別冊P3D1

足を延ばしてアート見学も

ロダンの彫刻やピカソ、ゴッホの
絵画など、17世紀から20世紀の巨匠
たちの美術作品を展示。中庭の彫
刻庭園などじっくり見学したい。

© Norton Simon Art Foundation

DATA 交メトロバス180・256番 COLORADO BLVD./
ORANGE GROVE BLVD.から徒歩2分　住411 W. Colorado
Blvd.　☎(626)449-6840　時12〜17時(金・土曜は〜19時)
休火・水曜　料$20　URL www.nortonsimon.org

クオリティの高さはお墨付き!
一流シェフの人気ダイニング

レストラン激戦区のロサンゼルスには、味も雰囲気も確かな名店が多い。なかでも
日本人にも人気な、一流のもてなしが楽しめる有名レストランをチェック。

ラ・ボエム
La Boheme

MAP 別冊P4B2　エリア ウエスト・ハリウッド

独創的で美しい
カリフォルニア・フュージョン料理

和風食材をふんだんに取り入れた料理はジャパ
ニーズ・フレンチといった趣もある。バルコニー
一席に囲まれたダイニングルームには、シャン
デリアやアンティーク家具が配されゴージャス
感いっぱいで食事ができる。

DATA 🚇メトロバス4番SANTA MONICA BLVD./KINGS
RD.から徒歩1分 🏠8400 Santa Monica Blvd. 📞(323)
848-2360 🕐17〜22時（金曜は〜24時、土曜11時〜翌2時、
日曜11時〜）休なし 🍴

ロマンチックな雰囲
気のパティオ

（左）ロブスターを使
った豪華なエッグベ
ネディクト$36
（右）お好みでレモン
をかけていただく舌平
目のムニエル$28

★☆★

ソコ
Soko

MAP 別冊P8A1　エリア サンタモニカ

カウンター8席だけの
隠れ家的寿司バー

サンタモニカ・ビーチに面した
セレブ御用達のフェアモント・
ミラマー・ホテル＆バンガロー
にオープンした寿司バー。オー
センティックな握り寿司から見
た目も美しい創作料理まで芸術
的な料理が楽しめる。北海道出
身で、漁師の経験もあるシマカ
ワシェフによる新鮮な食材を使
ったおまかせ6コース$185もお
すすめ。早めに予約したい。

DATA 🚌ビッグブルー・バス2・3・9番
WILSHIRE BLVD./4TH ST.から徒歩
6分 🏠101 Wilshire Blvd. 🏨フェアモ
ント・ミラマーホテル＆バンガロー
（→P63）内 📞(310)576-7777 🕐
17〜22時 休月・日曜 🍴

カウンター8席
だけのこぢんま
りとした店内

@the Fairmont
Miramar Hotel
& Bungalows

PROFILE

マサ・シマカワ
Masa Shimakawa

江戸前寿司の経験をもち、シカゴにあ
る著名ホテルのレストランでシェフも
務めたシマカワ氏は、洗練された技術
と美しい盛り付け、新鮮な魚の目利き
に定評がある。

漁師の経験を生かした
新鮮な魚を提供

（上）本マグロの握りと刺身、ロールがセットに
なったプレート
（左）9種類の小鉢が並ぶドリームボックス

🍴 要予約　📷 ドレスコードあり

ローリーズ・ザ・プライムリブ

Lawry's The Prime Rib　MAP 別冊P4B3　エリア ビバリーヒルズ

じっくり熟成されたプライムリブは絶品

1938年創業の老舗プライムリブ・ステーキの専門店。メインのプライムリブは1種類のみで、肉の厚さによって名前が異なる。ジューシーなリブとグレービーソースたっぷりのマッシュポテトは絶品。予約は必須。

DATA 🚌メトロバス105・720番LA CIENEGA BLVD./WILSHIRE BLVD.から徒歩4分　🏠100 N. La Cienega Blvd.　📞(310)652-2827　🕐17時～21時30分（金曜は～22時、土曜16～22時、日曜11時30分～14時、16時～21時30分）　🅿なし

（左）高級感あふれる広い店内で落ち着いて食事が楽しめる（右）大きな看板が目印

回転するサラダボウルにドレッシングを注ぐ

必見パフォーマンス！

切りたてをどうぞ

シェフが目の前でカットしてサーブしてくれる

プライムリブは$49～

カツヤ・ハリウッド

MAP 別冊P11D2

Katsuya Hollywood　エリア ハリウッド

ブラピらセレブも通う日本食

スシ・ブームの火付け役となった上地勝也さんの創作和食。LAに複数ある店舗のなかでも、ハリウッド店はフィリップ・スタルク氏によるスタイリッシュな内装で、若者に人気。予算は1人$50～。

DATA 🚇 Ｍ BラインHOLLYWOOD/VINE駅から徒歩1分　🏠6300 Hollywood Blvd.　📞(323)871-8777　🕐17～22時（金・土曜は～23時）　🅿なし

クラブのようなヒップな内装とインテリア

（左）カツヤ・ロール$28（右）クリスピーライス・ウィズ・スパイシー・ツナ$23

セレブを魅了する和食の魔術師

PROFILE

上地勝也
Katsuya Kamichi

1984年に渡米後、LAの日本料理店を経て、97年に独立。スタジオ・シティに1号店スシ・カツヤを開業した。斬新な和のメニューが特徴。

ほかにもあります！

スシ・カツヤ Sushi KATSU-YA／（日本料理）　MAP 別冊P2B1　エリア ノース・ハリウッド

カツヤL.A.ライブ Katsuya L.A.LIVE／（日本料理）　MAP 別冊P6A4　エリア ダウンタウン

輝く夜景とお酒に酔いしれて
ルーフトップバー

美しい夜景を眺めながら、洗練されたカクテルを一杯。
ロマンチックなLAの夜を楽しめる特色豊かなバーをご紹介。

パーチ
Perch　**MAP** 別冊P7C3　**エリア** ダウンタウン

ビル群の夜景にうっとり

15～16階にある2層構造のビストロバー。アンティーク調の家具で彩られた15階では、フレンチベースの本格的な料理が楽しめる。より開放感を満喫したいなら16階のラウンジへ。360度に広がるダウンタウンの夜に魅了される。

DATA 🚇Ⓜ B・DラインPERSHING SQ.駅から徒歩1分　🏠448 S. Hill St.　📞(213)802-1770　🕐16時～翌1時15分（土・日曜17時～翌1時30分、15階は10～15時がブランチ）🈺なし ※21歳以上のみ入店可

ラグジュアリーな空間が広がり
ロマンチックな夜を過ごせる

目の前にはパーシング・スクエアが広がる

（左）カクテルはもちろん料理も充実している
（右）カラフルなオリジナルカクテル$15～を豊富に用意しており選ぶのも楽しみ

ブロークン・シェイカー
Broken Shaker　**MAP** 別冊P6B4　**エリア** ダウンタウン

絶景のプールサイドで
個性派カクテルを

フリーハンド・ロサンゼルスの屋上プールデッキにあるバー。遊び心あふれるカクテルが評判で、テイルズ・オブ・ザ・カクテルのベスト・アメリカン・ホテル・バー賞を受賞した実力をもつ。タコスやチキンバインミーなど軽食も充実。トロピカルな雰囲気とクールなセンスが調和した空間が心地いい。

DATA 🚇Ⓜ A・E・B・Dライン7TH ST./METRO CENTER駅から徒歩8分🏠416 W. 8th St.　📞(213)612-0021　🕐12～24時（フードは13～17時、金・土曜は～20時）🈺なし

近隣に立つビル群を間近に眺められる屋上プールデッキ。都会の真ん中にいながら、ビーチリゾートの雰囲気を満喫できる

広々とした空間にゆったりとチェアを配置
エキゾチックな素材を組み合わせたカクテル$18。独創的な味わいを楽しみたい

🍴 要予約　📷 ドレスコードあり

太平洋が茜色にゆっくり染まって
いくサンセット時の眺めは格別

オニキス

Onyx　**MAP** 別冊P8A2　**エリア** サンタモニカ

星空の下で海風に吹かれて
カクテルを味わう

ビーチ沿いのホテル、ソンダーの屋
上にあり、海を望む格好のロケーショ
ン。屋内・屋外席とも広く、ミッドセ
ンチュリーの家具も配され、大人のム
ードが漂う。16〜18時はハッピーアワ
ータイム（週末を除く）、食事メニュ
ーも充実しており、ディナーでの利用
もできる。

DATA 交MEラインDOWNTOWN SANTA
MONICA駅から徒歩15分　住1301 Ocean Ave.
Hソンダー内　☎(310)394-2791　営16〜23時
（金・土曜11時〜翌1時、日曜11〜19時）　休なし

（左）ニューヨークの往
年のディスコ「スタジオ
54」など70年代の名店
をインスパイアした内装
（右）洗練されたバース
ペースも。カクテルをは
じめ、各種のお酒が豊
富に揃う

L.P.ルーフトップ・バー

L.P. Rooftop Bar　**MAP** 別冊P4B2　**エリア** メルローズ

落ち着いた夜景に癒やされる

1938年創業の老舗プライムリブ・ステーキの専
門店。メインのプライムリブは1種類のみで、肉
の厚さによって名前が異なる。ジューシーなリ
ブとグレービーソースたっぷりのマッシュポテ
トは絶品。予約は必須。

DATA 交メトロバス10番
MELROSE AVE./LA
CIENEGA BLVD.から
徒歩1分　住603 N. La
Cienega Blvd.　☎
(310)855-9955　営16
時〜翌2時（土・日曜12
時〜）　休なし
禁21歳以上

インスタ映
えするカク
テルは$21

美しいビバリーヒルズの街並みが広がる

スパイア73

Spire 73　**MAP** 別冊P6B3　**エリア** ダウンタウン

大パノラマに感動
天空に浮かぶ絶景バー

インターコンチネンタル・ロサンゼルス・
ダウンタウンの73階、西半球で最高層に
位置する屋外バー。はるか遠くまで続く
街並みを眼下に望み、きらめく夜景のほ
か幻想的な夕景にも心奪われる。

DATA 交MA・E・B・Dライン7TH
ST./METRO CENTER駅から徒
歩2分　住900 Wilshire Blvd.　H
インターコンチネンタル・ロサンゼ
ルス・ダウンタウン（→P63）内　☎
(213)688-7777　営17時30分〜
23時30分（フードの提供は〜22時
30分）　休なし
予算 1人最低$60の注文が必要

パロマやグリー
ン・サムなどのオ
リジナルカクテル
は$22で味わえる

テーブルがおしゃれなテラス
はローカルにも人気のバー

ダウンタウンのきらめく摩天楼
を眼下に眺めることができる

とことん**おいしいハンバーガー**

やっぱり本場で食べなくちゃ

バンズから中身がはみ出すほど大きく、ボリュームたっぷりのハンバーガー。
種類も豊富で素材のクオリティも高い、LAのグルメバーガーといえばこの6店！

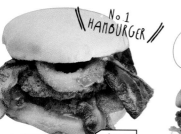

No.1 HAMBURGER

人気 No.2

©Liz Clayman

$14.19

Ⓐ スモーク・ハウス・ダブル
スモークしたベーコン、チーズなどたっぷり具材にBBQソースがよく合う

Ⓑ チキン・シャック$8.59。クリスピーチキンとレタスの相性が抜群

No.1 HAMBURGER

$13

人気メニュー

Ⓒ ザ・サンド
ボリューム満点。コールスローとピクルス、チキンの相性も抜群
photo-©Jakob Layman

人気 No.2

No.1 HAMBURGER

$7.19

©Evan Sung

Ⓐ オーソドックスな元祖オリジナルバーガー$10.49

Ⓑ シャック・バーガー
一番人気のチーズバーガー。フレンチフライ$4.09とシェイク$5.29も一緒にオーダーしよう

Ⓒ ピーナッツオイルで揚げたジューシーなホット・チキン$10〜
photo-©Jakob Layman

Ⓐ ジョニー・ロケッツ

Johnny Rockets

🗺 別冊P10B2 エリア ハリウッド

オールディーズの雰囲気とボリューム満点のハンバーガーが人気の秘訣。種類豊富なシェイクもオススメ。

DATA 🚇Bライン HOLLYWOOD/HIGH LAND駅からすぐ 🏠6801 Hollywood Blvd. Ste. 325 📞(323)465-4456 ⏰9〜22時（金・土曜は〜23時）休なし

Ⓑ シェイク・シャック

Shake Shack

🗺 別冊P4B2 エリア ウエスト・ハリウッド

2016年春にLA1号店としてオープンしたNY発の人気店。店名を冠にしたシェイクも合わせて楽しもう。

DATA 🚌メトロバス4・105番 SANTA MONICA BLVD./LA CIENEGA BLVD. から徒歩3分 🏠8520 Santa Monica Blvd. West Hollywood 📞(323)488-3010 ⏰10時30分〜23時30分（月〜木曜は〜22時30分）休なし

Ⓒ ハウリン・レイズ

Howlin' Ray's

🗺 別冊P7D1 エリア ダウンタウン

スパイシーなフライドチキン「ホット・チキン」が大評判。食事どきは行列ができるほどの人気店。

DATA 🚌メトロバス45・96番 BROADWAY/ORD ST.からすぐ 🏠727 N. Broadway 📞(213)935-8399 ⏰11〜19時 休月・火曜

カリフォルニア生まれの人気バーガーチェーン

1941年創業のカールス・ジュニア、ビッグサイズが自慢のファット・バーガー、サンディエゴ発の
ジャック・イン・ザ・ボックスなど、カリフォルニア生まれのバーガーショップも要チェック！

カールス・ジュニア
Carl's Jr.

MAP 別冊 P5C4　エリア ハンコック・パーク

DATA 🚌 メトロバス 28番 OLYMPIC BLVD./FAIRFAX AVE. からすぐ 🏠 1005 S. Fairfax Ave. 📞(323)935-4122 🕐24時間 🈚なし

ファット
バーガー
Fatburger

FATBURGER

MAP 別冊 P5C2　エリア ウエストハリウッド

DATA 🚌 メトロバス 4・704番 SANTA MONICA BLVD./GARDNER ST. から徒歩1分 🏠7450 Santa Monica Blvd. 📞(323) 436-0862 🕐11時〜翌1時（木〜土曜は〜翌2時） 🈚なし

ジャック・イン・
ザ・ボックス
Jack in the Box

Jack in the box

MAP 別冊 P8A2　エリア サンタモニカ

DATA 🚌 メトロバス4番／ビッグブルー・バス1・10番 SANTA MONICA BLVD./LINCOLN BLVD. からすぐ 🏠802 Santa Monica Blvd. 📞(310)458-3584 🕐6〜22時（ドライブスルーは24時間） 🈚なし

人気
No.2

D ポシュ$14.95。マッシュルームにトリュフ風味のアイオリソースでリッチな味わい

No.1
HAMBURGER

サイド
ディッシュ

$21

E オフィス・バーガー
バーガーはこれのみと直球勝負。肉がジューシーで極旨！

f チリがたっぷりのチリフライ$3〜も名物

No.1
HAMBURGER

 評判のスイート・ポテト・フライズ・イン・バスケット$9

サイド
ディッシュ

$14.95

No.1
HAMBURGER

$4.60

D スパイシー・クアワ・クランチ
スパイシーなソースとチェダーチーズの相性が抜群。好みでハラペーニョなども足せる

f ダブル・
チリ・チーズ
コトコト煮込んだ秘伝のチリソースがたっぷりの人気バーガー

D ポノ・バーガー
Pono Burger

MAP 別冊 P8A2　エリア サンタモニカ

地元農家のオーガニック野菜や、牧草だけで育てられた牛を使用したパティなど、素材にこだわる。

DATA 🚌メトロバス4番／ビッグブルー・バス1・10番SANTA MONICA BLVD./LINCOLN BLVD.から徒歩4分 🏠829 Broadway 📞(310)584-7005 🕐11時30分〜20時（金・土曜は〜21時） 🈚なし

E ファーザーズ・
オフィス
Father's Office

MAP 別冊 P2B2　エリア カルバーシティ

パブのような雰囲気で、ビールを飲みながら食べるのが地元流。21歳以下は入店禁止。

DATA 🚇Eライン CULVER CITY駅から徒歩8分 🏠3229 Helms Ave. 📞(310)736-2224 🕐17〜22時（金・土曜12〜24時、日曜12時〜） 🈚なし

F トミーズ
Original Tommy's

MAP 別冊 P11C1　エリア ハリウッド

1946年創業の地元で愛される老舗店。大鍋で煮込んだ自慢のチリソースはチーズとの相性も抜群。

DATA 🚌メトロバス180・217番HOLLYWOOD BLVD./BRONSON AVE.から徒歩1分 🏠5873 Hollywood Blvd. 📞(323)467-3792 🕐8時〜翌1時（金・土曜は〜翌2時30分） 🈚なし

ナチュラル、エコ、ヘルシーがキーワード
オーガニックカフェ

トレンドはエココンシャス。LAのカフェ事情はどんどん進化している。
オーガニック食材にこだわるカフェで、心と体にやさしいカフェタイムを。

アース・カフェ MAP 別冊 P8A3
Urth Caffé　エリア サンタモニカ

オーガニックカフェの
パイオニア

LAセレブや旅行者が朝から行列をつくるオーガニックカフェの代表格。コーヒーはもちろん、オーガニック食材を使った料理やデザートが人気。レジで会計を済ませてから席で待つスタイル。ブランチや休憩にも便利。

DATA ⊗ビッグブルー・バス1・8番 MAIN ST./HOLLISTER AVE. からすぐ 〠2327 Main St. ☎(310)314-7040 闘7~22時（土曜は~23時）休なし

LA近郊に6店舗ある

おすすめPOINT♪
『ラテアートに注目』

ラテ$4.95~はアートにもこだわっており、一杯一杯異なるアートが自慢

カウンターで注文し、席でフードを待つシステム

フルーツたっぷりのヨーグルト
$8.95

種類豊富なピザは
$13.50~

エッグベネディクトとスモークサーモン$18.50は朝食にぴったり

種類豊富でヘルシーなサラダやボウル$14~

ココナッツやヘンプミルクとピタヤのシェイク$14（右）ココナとヘンプミルクを使った抹茶シェイク$14（左）

ルーベンサンド$16はヴィーガンとターキーから具材を選べる

ボリュームたっぷりのブレックファーストブリートは$14~

おすすめPOINT♪
「名物サンド」

LAのベストヴィーガンサンドイッチに名を連ねたこともあるサンドイッチ$12~はぜひ試したい。

ブレックファーストサンドは、ヴィーガンソーセージやチーズ入り

ロカリ MAP 別冊 P2B1
Locali　エリア ハリウッド

「食は心と体の薬」が
モットーのヴィーガン料理

LAのベストヴィーガンサンドイッチに選ばれたこともある種類豊富なサンドが人気のカフェ。おいしい有機食品と地球にやさしい製品を提供することをモットーとした自然派デリ。サラダやボウル、朝食メニューも充実している。

DATA ⊗MBラインHOLLYWOOD/VINE駅から徒歩15分 〠5825 Franklin Ave. ☎(323)553-7276 闘7~19時 休なし

散策の合間の小休憩にぴったり！

ジューススタンドもCheck!

LAにはヘルシーなジューススタンドがいっぱい。街歩きに疲れたら、搾りたてのフレッシュジュースでリフレッシュしよう。

プレスド・ジューサリー **MAP** P33A2/別冊 P9A2
Pressed Juicery　**エリア** ビバリーヒルズ

大ブームのコールドプレスジュース

素材を細かく粉砕し、強力な圧搾機で上から押して作るプレスドジュースの人気店。健康志向のセレブにも大人気だ。

野菜やフルーツなど1本 $ 6.95〜

DATA 🚌メトロバス4番 SANTA MONICA BLVD./CAMDEN DR.から徒歩4分　🏠430 N. Bedford Dr.　📞(310)247-8488　🕐8〜19時(土・日曜11時〜)　休なし

ムーン・ジュース **MAP** 別冊 P8A4
Moon Juice　**エリア** サンタモニカ

ヘルシーなジュースとシェイク、ラテ

新鮮な野菜や果物をブレンドしたジュースは、素材の味が楽しめると人気。ユニークな組み合わせのブレンドは、一度飲むとやみつき!?

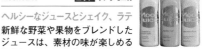

体にうれしい栄養がぎっしり

DATA 🚌ビッグブルー・バス18番 6TH ST./ROSE AVE.から徒歩3分　🏠507 Rose Ave.　📞(310)399-2929　🕐8〜19時　休なし

エム・カフェ
M Café

MAP P37D1/別冊 P11D3　**エリア** メルローズ

おしゃれカフェでマクロビ料理を

ハリウッドセレフも来店する人気店。自然食マクロビオティックをアメリカで普及させた久司道夫氏の意志を継ぐ、楽しくヘルシーな傑作マクロビ料理が味わえる。ヨーロッパのカフェ風の内装がおしゃれで、居心地は抜群。

DATA 🚌メトロバス10/48番 MELROSE AVE./LA BREA AVE.から徒歩1分　🏠7119 Melrose Ave.　📞(323)525-0588　🕐10〜20時　休なし

日本食材も巧みに使ったマクロビ料理。ボリューミーでヘルシーなのがうれしい

朝食、ランチ、ディナーなど時間を問わず楽しめる

グラシアス・マードレ
Gracias Madre

MAP 別冊 P4B2　**エリア** ビバリーヒルズ

カリフォルニア流の洗練メキシカン

100%オーガニック食材を用いた、ヴィーガンのメキシコ料理が評判。旬の野菜と果物、滋味あふれる穀物で作るタコスやサラダは、元気なおいしさが詰まった逸品揃い。清涼感あふれるオリジナルカクテルやスイーツも豊富。

DATA 🚌メトロバス4番 SANTA MONICA BLVD./DOHENRY DR.から徒歩3分　🏠8905 Melrose Ave.　📞(323)978-2170　🕐11〜22時(木〜土曜は〜23時)　休なし

小麦粉の生地の上に、ポテト、グリーンサルサ、アボカド、カシューナッツがトッピングされた「ポテトフルート」

メキシコの家庭料理をアレンジ。トウモロコシとアボカドのペーストを混ぜたフローズンバー。チリとカシューナッツのトッピングを付けて

モノトーンを基調としたインテリアもおしゃれ

見た目もかわいい、味わい豊かなカラフルおやつ

胸キュン♪LAスイーツ

アメリカスイーツの定番、ドーナツとカップケーキをはじめ、
アイスクリームやタルトなど、魅惑あふれるスイーツをご紹介。

$4.35 〜

ドーナツ
ハックルベリー $4.75（右）はお店の人気フレーバー。左は期間限定のブラッド・オレンジ

色とりどりのドーナツが並ぶ

月替わりのフレーバーも楽しみ

サイドカー・ドーナツ＆コーヒー
(MAP) 別冊 P8A2
Sidecar Doughnuts & Coffee [エリア] サンタモニカ

多彩なふわふわドーナツ

モチモチふわふわの食感で人気のドーナツ。甘いものだけでなく、さわやかなベリー系やカリカリベーコンをトッピングしたもの、ハムと卵入りの物菜系などバラエティ豊か。

(DATA) 交メトロバス20・720番、ビッグブルー・バス2番WILSHIRE BLVD./6TH ST. から徒歩2分 住631 Wilshire Blvd. ☎(310)587-0022 営6時30分〜19時（金・土曜は〜21時）休なし

ビッグ・マン・ベイクス
Big Man Bakes (MAP) 別冊 P7C3 [エリア] ダウンタウン

昔ながらの濃厚な味わい

ビッグなオーナーが作るカップケーキが全米で話題。今どきのふわふわ系ではなく、昔からある甘くてどっしり存在感のあるケーキ。サイズはXL（$4.25）とミニ（$2）。常時10種類ほどのフレーバーが並ぶ。

(DATA) 交MB・DラインPERSHING SQ.駅から徒歩7分 住413 S. Main St. (213)617-9100 営11時30分〜21時（金・土曜は〜22時）休日曜

繊細なカップケーキがショーケースに並ぶ

$2 (XL $4.25)

カップケーキ
クリームチーズと赤みのあるココアスポンジが鮮やかなレッド・ベルベット（上）とキャロット（左）

$9.95

コーンやトッピングにも注目

アイスクリーム
チェリーのピンクとタロ芋ミルクティーのパープルが映えるスウィール（Swirl）にカラフルなトッピングを。カップは$5.95

ブンサン・オーガニック・ミルク・バー
(MAP) 別冊 P3C2
Bumsan Organic Milk Bar [エリア] コリアタウン

カラフルなデコレーション

オーガニックのアイスクリームの専門店。ミルク、チョコレート、抹茶、タロ芋ミルクティーなどのフレーバーや、2種類を混ぜたスウィール（Swirl）も。濃厚で本格的な味はやみつきに。

(DATA) 交MDラインWILSHIRE / WESTERN駅から徒歩4分 住534 S. Western Ave. (213)908-5192 営12〜22時（金・土曜は〜23時）休なし

各$1.90～

マグノリア・ベーカリー

Magnolia Bakery

MAP 別冊 P9B4　**エリア** ビバリーヒルズ

『SATC』のキャリーもお気に入り

NY発の人気店。ドラマ『セックス・アンド・ザ・シティ（SATC）』で取り上げられたことで話題に。クッキーやブラウニー、バナナプディングなど、カップケーキ以外のスイーツも充実。

DATA 🚌メトロバス16・218番3RD ST./ORLANDO AVE.からすぐ　📍8389 W. 3rd St.　📞(323) 951-0636　🕐9～20時（金・土曜は～21時）　🈳なし

色とりどりのカップケーキは見ているだけで楽しい

各$3.50～

ドーナツ
ドーナツは30種類以上。大きくてもペロリと食べられる。アップルフリッターも人気

カップケーキ
カップケーキは常時7～10種類用意。一番人気はクラシック・バニラ（右）

建物の上の大きなドーナツの看板が目印

ランディーズ・ドーナツ

Randy's Donuts

MAP 別冊 P2B4　**エリア** イングルウッド

巨大ドーナツの看板を目指して！

映画『アイアンマン2』など映画のロケ地としても有名。揚げたてのドーナツを求めて朝から大勢の人が並ぶ。フワッとやわらかく、ほどよい甘さのドーナツは一度食べたらやみつきに。

DATA 🚌メトロバス115番、ビッグブルー・バス14番 MANCHESTER BLVD./LA CIENEGA BLVD.からすぐ　📍805 W. Manchester Ave.　📞(310) 645-4707　🕐24時間　🈳なし

スイート・レディ・ジェーン

Sweet Lady Jane

MAP 別冊 P10A3　**エリア** メルローズ

ハリウッドセレブも魅了するケーキ

ショーケースには色とりどりのケーキがズラリと並んでいる。見た目も美しいケーキは、甘さ控えめで日本人好みだが、アメリカンサイズでボリュームは満点。パイやタルトもある。カフェを併設。

DATA 🚌メトロバス10/48番 MELROSE AVE./ORLAND AVE.からすぐ　📍8360 Melrose Ave.　📞(323) 653-7145　🕐10～16時（金・土曜は～17時）　🈳なし

フルーツタルト
フルーツタルトはフルーツたっぷり

$10

バラが特徴の美しいケーキ

私の作るケーキは厳選した素材だけを使っていて、甘さも控えめよ（オーナーのレディ・ジェーンさん）

Decoration cake

テイクアウトもOK。ペストリーも充実している

広い売り場はまるでおもちゃ箱
スーパーでおみやげ探し

スーパーマーケットは、フード、コスメ、雑貨までローカル色満点の品揃え。
お手頃価格のグッズがいっぱいだから、おみやげ探しに最適！

食品

\ I ♥ Honey! /

オレンジの花の蜜をミ
ツバチが採取したスペ
イン産オレンジブロッ
サムハニー$8.99

ブラックトリュフの風味
がアクセントになったト
マトケチャップ$3.49

星形がキュート
なカラフルなグ
ミ$5.29

ココナッツを使った植
物性由来のテリヤキ風
ジャーキー$8.39

ユニコーンをイメー
ジにしたディッピングを
施したナッツ$4.19

南カリフォルニア
生まれのチョコ
レート$5.49

体によいカカ
オニブとコー
ヒー豆入りダ
ークチョコ
$1.99

オーガニックスー
パーフードのオー
トミールはフレー
バーが選べる$3.29

パッケージがかわいい
カフェインフリーのお
茶$2.49

A ホールフーズ・マーケット
Whole Foods Market　MAP 別冊P8B1　エリア サンタモニカ

品質にこだわった商品多数！

オーガニック食材に定
評があるスーパー。食
品からコスメまで幅広
いラインナップのオリ
ジナルブランド「365」
は、お手頃価格で優
秀な商品が多い。

DATA ビッグブルー・バス18・41番MONTANA AVE./15TH
ST.から徒歩1分　1425 Montana Ave.　(310)576-4707
8〜21時 なし

主な支店
ウエスト・ハリウッド店
7871 Santa Monica Blvd. MAP 別冊P5C2
ビバリーヒルズ店
239 N. Crescent Dr. MAP 別冊P9B2

エコバッグ
check!!

リサイクル生
地を使用し軽
量。$2.19

B トレーダー・ジョーズ
Trader Joe's（3rd&Fairfax店）　MAP 別冊P5C3　エリア ビバリーヒルズ

オリジナルブランドを手頃な価格で

西海岸を中心に展開
するオーガニックス
ーパー。食品を中心
にオリジナルブラン
ドを展開。パッケー
ジがカワイイお菓子
もいっぱい。

DATA メトロバス16・217・218番FAIRFAX AVE./3RD ST.から徒
歩1分　175 S. Fairfax Ave.
(323)931-4012　8〜21時 なし

主な支店
ウエスト・ハリウッド店
8611 Santa Monica Blvd. MAP 別冊P4B2
サンタモニカ店
3212 Pico Blvd. MAP 別冊P2A3

エコバッグ
check!!

しっかりし
た素材が◎。
$0.99

コスメ＆雑貨

SALT FREE Peanuts Bristol Farms

体にやさしい無塩ピーナッツ缶$5.99

健康的なオーガニックのグラノーラ$8.99

purely elizabeth. ANCIENT GRAIN GRANOLA ORIGINAL

TRADER JOE'S BBQ RUB AND SEASONING WITH COFFEE & Garlic

アメリカらしいコーヒー＆ガーリック風味のBBQシーズニング$2.29

おみやげにぴったりなプライベートブランドのシーズニング各$5.49〜

Organic FLAXSEED OIL / PUMPKIN SEED OIL / WHITE TRUFFLE OIL / PISTACHIO OIL

ラベルがかわいいオイルは種類も多く、料理の幅が広がりそう各$11.99〜

デザインがかわいいキャンドルは香りも選べる$21.39

髪から肌まで全身に使えるホホバオイル$7.99

ORGAID

ビタミンC入りオーガニックのシートマスク4枚入り$28

HiBAR SOLID SHAMPOO / HiBAR SOLID CONDITIONER

エコな固形シャンプーとコンディショナー各$14.99

A L A MAISON

乾燥対策にアルガンオイル配合のハンド＆ボディローション$10.49

シアバターで作られた肌にやさしい固形ハンドソープ$5.79

HAND IN HAND BAR SOAP CACTUS BLOSSOM

スーパーマーケット攻略法

大型スーパーは売り場面積が広大。時間短縮のため、スナック類やコスメコーナーなど、おみやげになりそうな商品がある売り場を優先的にチェックしよう。レジでは商品を自分でカゴから出してベルトコンベアに載せるシステム。

C エラワン・ナチュラル・フーズ・マーケット

Erewhon Natural Foods Market

MAP 別冊P5C3　エリア ビバリーヒルズ

高級品が揃うハイソなスーパー

1968年にマクロビオティックのデリから始まったオーガニック製品の老舗マーケット。良質なコスメや食材が豊富で、健康志向のマダムたちにも人気。

DATA 🚍メトロバス14/37番 BEVERLY BLVD./GENESEE AVE.から徒歩5分　🏠7660 Beverly Blvd.　📞(323) 937-0777　🕐7〜23時（カフェは〜22時）　休なし

主な支店
ベニス・ビーチ店
🏠585 Venice Blvd. MAP P4O B1
サンタモニカ店
🏠2800 Wilshire Blvd. MAP 別冊P2A2

エコバッグ check!!
しっかりした作りの布製エコバッグ $50

D ブリストール・ファームズ

Bristol Farms

MAP 別冊P8B2　エリア サンタモニカ

デリコーナーは一見の価値あり

LAを中心に展開する高級スーパー。ほかのスーパーでは見かけない高級グルメ食材が充実。ベーカリーやデリも要チェック。

DATA 🚍メトロバス20番、ビッグブルー・バス2番 WILSHIRE BLVD./BERKELEY ST.からすぐ　🏠3105 Wilshire Blvd.　📞(310) 829-3137　🕐6〜23時　休なし

主な支店
ビバリーヒルズ店
🏠9039 Beverly Blvd. MAP 別冊P4B3
ウエスト・ハリウッド店
🏠7880 W. Sunset Blvd. MAP 別冊P5C1

エコバッグ check!!
ウォッシャブルのペーパーエコバッグ$12.99

地元の人との交渉も楽しい！
ファーマーズ・マーケット

地元の人たちで賑わうファーマーズ・マーケットは、色とりどりの新鮮な野菜や果物だけでなく、おみやげになりそうな雑貨や食材もいっぱい。出店者との交渉も楽しんで。

オリジナル・ファーマーズ・マーケット

MAP 別冊P5C3　**エリア** ビバリーヒルズ

The Original Farmers Market

80年の歴史をもつ
ファーマーズ・マーケットの元祖

LA初のファーマーズ・マーケット。ランドマーク的存在の時計台が目印で観光客にも人気だ。新鮮な野菜や果物はもちろん、お菓子、雑貨やコスメなどおみやげになりそうな物も並んでいる。目移りするほど種類豊富な各国料理が楽しめる屋台も並ぶ。

DATA メトロバス 16・217・218番 FAIRFAX AVE./3RD ST. から徒歩2分　6333 W. 3rd St.　(323) 933-9211　9～21時（土曜10時～、日曜10～19時）　なし　www.farmersmarketla.com

白い時計台が目印

お店をCheck!!

タルトなど豊富なペストリー類は1つ$6～

サンドイッチ$17～

焼きたてのバゲットやペストリーが食べられます！

お菓子やナッツ類など、みやげ物も充実

リンゴをチョコレートでコーティング$12.95～

屋台グルメもCheck♪

ランチスポットとしても人気

コーンビーフと野菜はボリューム満点。$24.10

中国、韓国、シンガポールなどのアジア系から、アメリカンなコーンビーフなどヘビー系まで、屋台グルメも豊富。クレープやケーキなどのスイーツもあり。

壁一面に並んだソースボトル

世界中のホットソースがありますよ！

辛さが選べるホットソース$7～

（スタッフ／リンさん）

ファーマーズ・マーケット
買い物アドバイス

●気になる物があったら買う前に試食を。試食時には「Can I Taste？（キャナイ　テイスト）」のひと声を。

●まとめ買いすると安くなることもあるので、大量買いするときは値段交渉しよう。

●基本的に袋はない。エコバッグがあると便利。

ほかにもあります♪

ハリウッド・ファーマーズ・マーケット
Hollywood Farmers Market　MAP 別冊P11D2　エリア ハリウッド

ハリウッド観光の途中に立ち寄れるので便利

日曜のみ開催のマーケット。毎回お祭りのように賑わっている。服やアクセサリーの出店もある。

DATA 交MBラインHOLLYWOOD/VINE駅から徒歩3分　住Cnr. of Hollywood Blvd. & Ivar St.　電なし　時8〜13時　休月〜土曜

フルーツや野菜を使ったジャムやソース

BBQソースも手作り

新鮮野菜やフルーツがいっぱい

サンタモニカ・ファーマーズ・マーケット
MAP P39A1/別冊P8A2・P8A3　エリア サンタモニカ
Santa Monica Farmer's Market

LAで一番大きなマーケット

75の農家が出店するLAで最大規模のマーケット。サンタモニカのダウンタウンで毎週水曜と土曜にのみ開催。アリゾナ・アベニューが数ブロックにわたって車両通行禁止となり、各テントにたくさんの野菜や果物が並べられる。生鮮食品が充実。

DATA 交メトロバス20・720番、ビッグブルー・バス2・9番4TH ST./ARIZONA AVE.からすぐ（水・土曜）、ビッグブルー・バス1番MAIN ST./OCEAN PARK BLVD.からすぐ（日曜）　住155-199 Arizona Ave.（水・土曜）、2640 Main St.（日曜）　電(310)458-8712　時8〜13時（日曜8時30分〜13時30分）　休月・火・木・金曜　URLsantamonica.gov/places/farmers-markets

お店をCheck!!

サンタバーバラ産のピスタチオは人気 （スタッフ／ジェシカさん）

ガーリック・オニオン味のピスタチオ

ブルーベリージャムはおいしいですよ （スタッフ／アンジェラさん）

手摘みのハーブティー

新鮮なハチミツをぜひ試してみて！ （スタッフ／ローズさん）

ハチミツは種類によって色も味も違う

ハチミツで作ったキャンドル

屋台グルメもCheck♪

地元のLAっ子っぽく、歩きながら軽く食事を済ませるのもいいかも。食べ歩きができるパンやジュースもある。

チーズブレッド
ペストリー

フレッシュジュース

ハーブティー

手作りのポプリ

ウォルナッツのオイルは体にいいですよ

ウォルナッツオイル

LAで行くべき大型ショッピング施設はココ！
買い物スポットでまとめ買い

アクセスの便利な市内のショッピングモールから、郊外にある巨大アウトレットモールまで、ショッピングには事欠かないLA。ついつい買い過ぎてしまいそう！

アクセスが便利♥ 市内のショッピングモール

ウエストフィールド・センチュリー・シティ
MAP 別冊P2A2
Westfield Century City　**エリア** センチュリー・シティ

ファミリーで楽しめる高級モール
開放感あふれるオープンエアのモール内には、最新のレストランやショップが入る。高級感とモダンが融合したモールは、緑も多く、ゆっくり買い物が楽しめる。衣料品や小物など、家族連れのローカルに支持を集める店が多く、映画館も併設している。

子ども連れでも安心して過ごせる

デパート…3件
ショップ…157件
レストラン…52件

DATA メトロバス4・28番、ビッグブルー・バス5番、カルバーシティ・バス3番 SANTA MONICA BLVD./CENTURY PARK WEST から徒歩1分　10250 Santa Monica Blvd.　(310)277-3898　10〜21時（金・土曜は〜22時、日曜11〜20時）※店舗により異なる　なし

おすすめSHOP
ファッション
★エブリシング・バット・ウォーター　★フリーピープル
デパート
★メイシーズ　★ブルーミングデールズ

ひと休みSPOT

ラ・コロン
La Colombe

フィラデルフィア発の本格コーヒーが味わえる。2015年から販売するドラフト・ラテはミルキーでなめらかな口当たり。

DATA (424)288-7355　10〜21時（金・土曜は〜22時、日曜11〜20時）　なし

バリスタによるラテアートも楽しめる

ビバリー・センター
MAP 別冊P9B3
Beverly Center　**エリア** ビバリーヒルズ

観光地からも近い老舗モール
ビバリーヒルズの観光地からも近く、便利なロケーションにある大型ショッピングモール。6階のゲストサービスは日本語対応可能。

デパート…2店
ショップ…83店
レストラン…10店

DATA メトロバス14・105・617番 BEVERLY BLVD./LA CIENEGA BLVD. からすぐ　8500 Beverly Blvd.　(310)854-0070　10〜20時（日曜11〜18時）　なし

ハイブランドが揃う。ウォールアートはフォトスポットにも

グローブ
MAP 別冊P5C3
The Grove　**エリア** ビバリーヒルズ

オープンエアの開放的モール
中庭には噴水があり、明るく開放的で、夜にはロマンチックな雰囲気になる。映画館もあるので、休憩スポットとしても利用価値大。

デパート…1店
ショップ…42店
レストラン…13店

DATA メトロバス16・217・218番 FAIRFAX AVE./3RD ST. から徒歩3分　189 The Grove Dr.　(323)900-8080　10〜21時（金・土曜は〜22時、日曜11〜20時）　なし

1930〜40年代のLAの街並みを再現。まるで一つの街のよう

足を延ばしてでも行きたい♥ 郊外のアウトレットモール

シタデル・アウトレット
Citadel Outlet

MAP 別冊P3D3
エリア ロサンゼルス郊外

アクセスのよさで人気

LAのダウンタウンからのアクセスがよく、ほとんどの商品が30〜70%オフとお買い得。7世紀の古代アッシリア宮殿を模した建物も印象的。アナハイム周辺から有料のシャトルバスも運行している。

ショップ…94店
ダイニング…16店

DATA 🚌メトロバス62番TELEGRAPH RD./CITADEL DR.から徒歩4分 🏠100 Citadel Dr. 📞(323)888-1724 ⏰10〜21時 休なし

シャトルバス情報 L.A.ダウンタウン（→P44）からは無料シャトルあり。詳細は🏠placewise.imgix.net/Craig/citadelOutlets/images/CitadelExpressSchedule.pdf?または📞(323)887-4419で確認。

LA市街とディズニーランドのあるアナハイムの中間に位置する

おすすめSHOP

ファッション
- ★マイケルコース ★H&M ★コール・ハーン
- ★アメリカン・イーグル ★リーバイス ★ゲス
- ★オールド・ネイビー ★GAP ★アルマーニ

バッグ
- ★ケイト・スペード
- ★コーチ

靴
- ★クロックス
- ★コンバース

スポーツ
- ★アディダス ★ナイキ ★スケッチャーズ

ひと休みSPOT

アンティ・アンズ
Aunti Anne's

ふわふわ焼きたてのプレッツェルを販売。買い物途中の休憩に。

DATA 📞(323)726-0244 ⏰11〜19時 休なし

香ばしいプレッツェルが味わえる

広いので行きたい店をピックアップしておくなど、事前に計画を立ててまわろう

デザート・ヒルズ・プレミアム・アウトレット
Desert Hills Premium Outlets

MAP 別冊P12B4
エリア ロサンゼルス郊外

高級ブランドが勢揃い

LA近郊のリゾート地パーム・スプリングスにあるアウトレット。2つの棟を有する広大な敷地には、約180店舗が入り高級ブランドが勢揃い。オプショナルツアーを利用すれば気軽に行ける。

ショップ…167店
ダイニング…7店

DATA 🚌ロサンゼルス中心からI-10で東に約90分。104の出口で降りる 🏠48400 Seminole Dr. Cabazon 📞(951)849-6641 ⏰10〜20時 休なし

おすすめSHOP

ファッション
- ★カルバン・クライン
- ★ポロ・ラルフローレン
- ★ダナ・キャラン

靴
- ★コール・ハーン
- ★トッズ
- ★アグ

デニム
- ★トゥルー・レリジョン

ひと休みSPOT

ファイブ・ガイズ
Five Guys

全米展開するハンバーガーチェーン店。フレッシュなバーガーが人気。

DATA 📞(951)922-0088 ⏰11〜19時 休なし

ブレーズ・ピザ
Blaze Pizza

カリフォルニア発の手軽なピザ専門店。カスタムピザのオーダーもできる。

DATA 📞(951)491-8850 ⏰10〜20時 休なし

オプショナルツアーもあります！ ジョシュアツリー国立公園とデザートヒルズアウトレット1日観光 催行：ルックスツアー（→P86）

デザート・ヒルズ・プレミアム・アウトレット・ツアー
📞(213)612-0111 ⏰9〜17時 ※ホテルにより出発・到着時間は異なる 休なし 💲S120 🏠www.elephanttour.com 催行：エレファントツアー

目的に合わせてチョイス

ロサンゼルスの人気ホテル

LAのホテルは超高級からエコノミー、モーテルにリゾートホテルとバラエティ豊か。
ダウンタウンのホテルは中級〜高級、ビバリーヒルズやサンタモニカには高級ホテルが多い。

ビバリー ヒルズ **別冊 MAP P4A3**

ビバリー・ヒルトン

The Beverly Hilton

ゴージャス感あふれるホテル

ゴールデン・グローブ賞授賞式の会場としても有名。トロピカルなプールやレストランとは対照的に、客室は落ち着いた雰囲気だ。アメニティはバイレードを用意するなどのこだわりも。

DATA 交メトロバス4番SANTA MONICA BLVD./WILSHIRE BLVD.から徒歩4分 住9876 Wilshire Blvd. ☎(310)274-7777
料シングル$561〜 ツイン$595〜 566室 **J R P F**

1．居心地のよさを追求した客室 2．空港やダウンタウンからも近い便利な立地

ダウンタウン **別冊 MAP P6B3**

ミレニアム・ビルトモア・ホテル・ロサンゼルス

Millennium Biltmore Hotel Los Angeles

1923年創業の由緒あるホテル

1920〜30年代には、アカデミー賞授賞式会場だった伝統と格式ある11階建てのホテル。過去の宿泊者リストには世界の要人が名を連ねる。木造のエレベーターや豪華なシャンデリアなどが歴史を感じさせる。

DATA 交MB・DラインPERSHING SQ.駅から徒歩3分 住506 South Grand Ave. ☎(213)624-1011 料シングル$243〜 ツイン$255〜 683室 **R P F**

1．ゴージャスな趣があるデラックスな客室 2．重厚感にあふれるロビーフロア

ダウンタウン **別冊 MAP P7C3**

ダブルツリー・バイ・ヒルトン・ロサンゼルス・ダウンタウン

Double Tree by Hilton Hotel Los Angeles Downtown

リトル・トーキョーは目の前

チェックインの際には、ダブルツリー定番の温かいチョコチップ・クッキーで迎えてくれる。敷地内には池などを配した日本庭園も。ガストロパブでは地元のビールやワインが楽しめる。

DATA 交MA・EラインLITTLE TOKYO/ARTS DISTRICT駅から徒歩5分 住120 South Los Angeles St. ☎(213)629-1200 料シングル$189〜 ツイン$189〜 434室 **J R F**

1．クイーンサイズのベッド2台を備えた客室 2．ガストロパブ

ダウンタウン **別冊 MAP P7D3**

都ホテルロサンゼルス

Miyako Hotel Los Angeles

街歩きに便利な立地

リトル・トーキョーの中心に位置し、駅から徒歩1分で観光拠点として便利。滞在中に困ったことがあれば日本語で相談できるのも心強い。警備員も24時間常駐しており、安心して滞在できる。

DATA 交MA・EラインLITTLE TOKYO/ARTS DISTRICT駅から徒歩2分 住328 East 1st St. ☎(213)617-2000 料シングル$169〜 ツイン$169〜 174室 **J R P F**

1．落ち着きある内装。シャワートイレを完備 2．駅に近く、観光拠点に最適

ロウズ・ハリウッド
Loews Hollywood Hotel

客室はハリウッドらしいおしゃれな造り。晴れた日にはハリウッド・サインを眺められる部屋が外国人観光客に人気だ。DATA交MBラインHOLLYWOOD/HIGHLAND駅から徒歩5分 住1755 North Highland Ave. ☎(323)856-1200 料シングル$341〜 ツイン$353〜 628室

 ビバリー・ウィルシャー・ビバリーヒルズ
Beverly Wilshire Beverly Hills(A Four Seasons Hotel)

客室棟は、正面エントランスを挟んで、クラシカルなウィルシャー・ウィングとモダンなビバリー・ウィングに分かれている。DATA交メトロバス20番RODEO DR./WILSHIRE BLVD.からすぐ 住9500 Wilshire Blvd. ☎(310)275-5200 料シングル$1036〜 ツイン$1036〜 395室

 インターコンチネンタル・ロサンゼルス・ダウンタウン
Intercontinental Los Angeles Downtown

日本語の案内書やメニューが整っているので便利。73階にはダウンタウンを見晴らすバー「スパイア73（→P49）」がある。DATA交M A・E・B・Dライン7TH ST./ METRO CENTER駅から徒歩2分 住900 Wilshire Blvd. ☎(213)688-7777 料シングル$245〜 ツイン$245〜 889室

 ハリウッド・ルーズヴェルト
The Hollywood Roosevelt

第1回アカデミー賞授賞式が行われた。スターのサイン入り手形を展示。DATA交MBラインHOLLYWOOD/HIGHLAND駅から徒歩3分 住7000 Hollywood Blvd. ☎(323)466-7000 料シングル$288〜 ツイン$288〜 300室

 ウェスティン・ボナベンチャー・ホテル＆スイーツ
Westin Bonaventure Hotel & Suites Los Angeles

円筒形でガラス張りの5棟の近未来的な外観のこのホテルは、数々の映画に登場している。DATA交MB・Dライン PERSHING SQ.駅から徒歩8分 住404 S.Figueroa St. ☎(213)624-1000 料シングル$255〜 ツイン$255〜 1358室

 ヒルトン・ガーデン・イン・ロサンゼルス・ハリウッド
Hilton Garden Inn Los Angeles/ Hollywood

ハリウッド観光に便利なホテル。宿泊料もリーズナブル。DATA交MBラインHOLLYWOOD/HIGHLAND駅から徒歩7分 住2005 N. Highland Ave. ☎(323)876-8600 料シングル$237〜 ツイン$237〜 160室

 ビバリーヒルズ・ホテル
The Beverly Hills Hotel

プールサイドにはゴージャスなバンガロータイプの客室が点在。DATA交メトロバス2番 SUNSET BLVD.& BEVERLY DR.から歩2分 住9641 Sunset Blvd. ☎(310)276-2251 料キング$1571〜 210室

 ペニンシュラ・ビバリーヒルズ
The Peninsula Beverly Hills

館内は明るく、プライバシーを重視した造り。DATA交メトロバス4番SANTA MONICA BLVD./ WILSHIRE BLVD.からすぐ 住9882 South Santa Monica Blvd. ☎(310)551-2888 料シングル$1146〜 ツイン$1146〜 195室

 ビバリーヒルズ・マリオット
Beverly Hills Marriott

客室は明るい色調でまとめられており、くつろげる雰囲気。DATA交メトロバス617番、ビッグブルー・バス7番PICO BLVD./ BEVERLY DR.から1分 住1150 S. Beverly Dr. ☎(310)553-6561 料シングル$304〜 ツイン$311〜 260室

 フェアモント・ミラマー・ホテル＆バンガロー
Fairmont Miramar Hotel&Bungalows

花やヤシの木に囲まれたバンガロータイプの部屋など3タイプの客室を用意。DATA交ビッグブルー・バス2・3・9番 WILSHIRE BLVD./4TH ST.から徒歩6分 住101 Wilshire Blvd. ☎(310)576-7777 料キング$675〜 ダブル$675〜 329室

 シェラトン・グランド・ロサンゼルス・ダウンタウン
Sheraton Grand Los Angeles Downtown

ショッピングセンター「メイシーズ・プラザ」に隣接している。DATA交MA・E・B・Dライン7TH ST./ METRO CENTER駅から徒歩1分 住711 S. Hope St. ☎(213)488-3500 料シングル$319〜 ツイン$377〜 496室

 JWマリオット・ロサンゼルス・L.A.ライブ
JW Marriott Los Angeles L.A. LIVE

客室のインテリアもおしゃれでスタッフもフレンドリーなので、快適に滞在できる。DATA交MA・EラインPICO駅から徒歩11分 住900 West Olympic Blvd. ☎(213)765-8600 料キング$394〜 878室

カリフォルニア
ディズニーランド・リゾート

地球上で一番ハッピーな場所

Disneyland Resort in California

2つのテーマパークと食事やショッピングのできる施設、3つの直営ホテルを有する
一大リゾートで、ファンタジーいっぱいの夢の世界をとことん楽しもう！ **MAP** 別冊P12B4

\ 注目‼ /
新アトラクションが増えてますます楽しい！

ディズニーランド・パークでは、2023年1月に「ミッキーとミニーのランナウェイ・レイルウェイ」が誕生。2024年には「ティアナのバイユー・アドベンチャー」が誕生予定。2023年8月にオープンの「サンフランソウキョウ」エリアも要チェック！

\ 注目‼ /
アベンジャーズのテーマランド

ディズニー・カリフォルニア・アドベンチャー・パークに、アベンジャーズをテーマとした新エリア「アベンジャーズ・キャンパス」が登場。

© 2023 Disney © 2023 MARVEL

Information

アクセス

ロサンゼルス国際空港からは配車アプリやタクシーを利用すれば、所要約45分で到着。公共交通機関を利用するなら、メトロCラインAVIATION/LAX駅から25分、NORWALK駅下車、メトロバス460番に乗り換え、所要2時間15分。ロサンゼルスのダウンタウンからはメトロエクスプレスバス460番で120分。
📮1313 Harbor Blvd. Anaheim 📞(714)781-4565 🕐ディズニーランド・パーク8〜23時、ディズニー・カリフォルニア・アドベンチャー・パーク8〜22時（いずれも季節、曜日により異なる）🈳なし
🌐www.disneyland.jp

チケットの購入方法

事前のチケット購入は日本の旅行代理店や旅行会社のWebサイトなどで手配してもらえる。2023年8月現在、パークの入場には事前予約が必要。

チケットの種類と料金

チケットはディズニーランド・パークかディズニー・カリフォルニア・アドベンチャー・パークいずれかに1日入場できる1デー・1パーク・チケットが基本。オプションで「パークホッパー」を付ければ、2つのパークを自由に行き来することが可能。2デー以上は、連続した日数分の入場ができる。

5デー・パークホッパー・チケット	大人 $475
4デー・パークホッパー・チケット	大人 $455
3デー・パークホッパー・チケット	大人 $420
2デー・パークホッパー・チケット	大人 $345
1デー・パークホッパー・チケット	大人 $169〜244
1デー・1パーク・チケット	大人 $104〜179

※料金は時期により異なる

check!!

オススメスポット

日々パワーアップを続けるディズニーランド・リゾート。新スポットや話題のアトラクションなど、まずはこちらをチェック。

ディズニーランド・パーク

スター・ウォーズ: ライズ・オブ・ザ・レジスタンス
Star Wars: Rise of the Resistance

8人乗りのライドでスター・デストロイヤーのハンガーベイでのバトルに参加! レジスタンスとファースト・オーダーの壮絶な戦いに巻き込まれる大スケールアトラクション。

© 2023 Disney © & TM 2023 Lucasfilm Ltd.

激しく壮大な戦闘に挑んで反乱軍の英雄になれる!

ディズニー・カリフォルニア・アドベンチャー・パーク

ラジエーター・スプリングス・レーサー
Radiator Springs Racers

カーズの街、オーナメント・バレーを時速40マイルで爆走するアトラクション。レース展開は毎回違う。一人でもいいなら、通常のレーンより早く乗れるシングルライダーのレーンがおすすめ。

さまざまなレーシングカーに乗って爽快にレース!

© 2023 Disney/Pixar

ディズニーランド・パーク

ファンタズミック!
Fantasmic!

1992年のスタートから30年以上愛される人気ショー ※2024年春まで休止予定

トムソーヤ島を舞台とした壮大なナイトショー。水に映し出される色鮮やかな映像や迫力あふれるライブアクションは見ごたえ十分。豪華絢爛でダイナミックに魅了される。

ディズニー・カリフォルニア・アドベンチャー・パーク

レッド・カー・トロリー
Red Car Trolley

ノスタルジックなエントランスエリアのブエナビスタ・ストリートから、真っ赤なトロリーに乗って、1920年代のロサンゼルスへタイムスリップ。

トロリーはいくつかのスポットを巡りながら、ハイペリオン・シアターの前まで走る

リゾート内の移動
リゾート内には2種類の無料交通機関が整備されている。

★トラム
パーク周辺の駐車場とダウンタウン・ディズニー、2つのパークのメインエントランスを結ぶ。

★モノレール
ディズニーランド・パークとダウンタウン・ディズニーを結ぶ。乗車駅でパークチケットのスキャンを行い、直接トゥモローランドへ入園できる。

○ モノレールステーション
ーー トラム
Disneyland Park
ディズニーランド・パーク
Downtown Disney District
ダウンタウン・ディズニー
入口
Disney California Adventure Park
ディズニー・カリフォルニア・アドベンチャー・パーク

ディズニーランドをもっと楽しむコツ 5

1 アプリでタイムスケジュールとマップを把握
公式の「Disneylandアプリ」では、マップ、各アトラクションの待ち時間、ショー時間の確認などができる。ゲストリレーションでもタイムガイドとパークマップを入手できる。

2 有料サービスで効率よく
「Disneylandアプリ」内で購入できる「ディズニー・ジーニー・プラス」や「インディビジュアル・ライトニング・レーン」を利用して、優先レーンから少ない待ち時間で乗車しよう。

3 レストランは予約がおすすめ
お昼どきはレストランも混雑しがち。行く前に、あらかじめチェックしておいたレストランを予約しておくといい。

4 シングルライダーが便利
アトラクションによっては、一人で利用するゲストを優先案内してくれる。「ディズニー・ジーニー・プラス」や「インディビジュアル・ライトニング・レーン」がなくても通常より早く体験できる。

5 キャラクター・グリーティング
キャラクターが登場する場所は、事前にマップでチェックしておこう。お目当てのキャラクターが不在の場合は、トゥーンファインダーに聞けば、どこにいるかを教えてくれる。各パークにはキャラクターに出会えるレストランもあるが、事前の予約が必要。サイン帳とペンを持参して、キャラクターのサインをもらおう。

オリジナルのアトラクションやエンターテインメントが充実

ディズニーランド・パーク

Disneyland Park (DLP)

1955年に開園した最初のディズニーのテーマパーク。
パーク内にはウォルトゆかりのスポットも多い。

ファンタジーランドに立つ眠れる森の美女の城は、ディズニーランド・パークのランドマーク。ウォルトはこの城にゲストへのもてなしの気持ちを込めた

インディビジュアル・ライティング・レーンが利用できるアトラクション
- ●ミッキーとミニーの
　ランナウェイ・レイルウェイ
- ●スター・ウォーズ：
　ライズ・オブ・ザ・レジスタンス

ディズニー・ジーニー・プラスが利用できるアトラクション
- ●インディ・ジョーンズ・アドベンチャー
- ●ビッグサンダー・マウンテン
- ●ロジャー・ラビットのカートゥーンスピン
- ●スター・ツアーズ：アドベンチャー・
　コンティニュー
- ●バズ・ライトイヤー・アストロブラスター
- ●スペース・マウンテン
- ●マッターホーン・ボブスレー
- ●ホーンテッドマンション
- ●イッツ・ア・スモールワールド
- ●オートピア
- ●ミレニアム・ファルコン：スマグラーズ・ラン

※2023年8月現在

人気のアトラクション&ショーを巡る1Dayモデルコース

❶ プラザ・インで朝食

> キャラクター・ブレックファスト。サイン帳も忘れずに

❷ ファンタジーランド

> オリジナルのマッターホーン・ボブスレーなど、アトラクションが充実。プリンセスにも会いたい

❸ トゥモローランド

❹ スター・ウォーズ：ギャラクシーズ・エッジ

> 『スター・ウォーズ』がテーマのエリア。辺境の惑星バトゥーの貿易港を探検できる

❺ フロンティアランド

> 19世紀のアメリカ開拓時代がテーマ

フロンティアランドで外せないビッグサンダー・マウンテン

❻ お昼のパレードを鑑賞

> パレードがあれば鑑賞しよう。具体的な内容や時間はタイムスケジュールをチェック

❼ アドベンチャーランド

> インディ・ジョーンズ・アドベンチャーやジャングルクルーズは比較的待ち時間が少ない

❽ トゥーンタウン

> 2023年3月リニューアル。ミッキーとミニーのランナウェイ・レイルウェイもここにある

> 夕食はショーの前に済ませておこう

❾ 夜のショーを鑑賞

> 時期や季節によって異なるショーが楽しめる

❿ メインストリートUSAでみやげ探し

これだけは押さえておきたい 人気のアトラクション&ショー

[アドベンチャーランド]
インディ・ジョーンズ・アドベンチャー
Indiana Jones Adventure

探検系

古代遺跡をジープで疾走

人気映画『インディ・ジョーンズ』をテーマにしたアトラクション。映画さながらに古代遺跡の中を、ハイスピードのジープで駆け抜ける。※身長117cm以上

© 2023 Disney
© & TM 2023 Lucasfilm Ltd.

[ファンタジーランド] DLPオリジナル
マッターホーン・ボブスレー
Matterhorn Bobsleds

絶叫系

雪山を高速滑降

細長いボブスレーに乗って、雪山を駆け抜ける。急カーブの続く山中をくまなく巡る。コースの途中では雪男も出現する。
※身長107cm以上

[ファンタジーランド]
イッツ・ア・スモールワールド
"it's a small world"

ファンタジー系

ボートに乗って世界一周

華やかな民族衣装を身につけた100体以上の人形たちが歌いながら華やかにダンス。鮮やかな色合いの外観で、クリスマス時期のライトアップにも注目。

[トゥーンタウン]
ミッキーとミニーのランナウェイ・レイルウェイ
Mickey and Minnie's Runaway Railway

エンターテインメント系

アニメの世界で大冒険！

グーフィーが運転する汽車に乗って旅に出発。短編アニメ『ミッキーマウス！』の世界に入り込んで、ミッキーやミニーと一緒に大冒険を楽しもう。

[トゥモローランド] DLPオリジナル
ファインディング・ニモ・サブマリン・ヴォヤッジ
Finding Nemo Submarine Voyage

ファンタジー系

潜水艦の乗組員になりニモを探しに出発！

黄色い潜水艦に乗って大噴火を続ける海底火山を目指す。水中ではニモやその仲間たちの生活をのぞき見ることができ、彼らの生活の楽しさが伝わってくる。

Finding Nemo Submarine Voyage is inspired by Disney•Pixar's "Finding Nemo." ©2023 Disney/Pixar

[ニューオーリンズ・スクエア]
カリブの海賊
Pirates of the Caribbean

エンターテインメント系

陽気に歌う海賊たちの世界

海賊船に乗って静かな夜の海を進むと、海賊たちが大騒ぎしている場面に出くわす。リニューアル後、新たに加わった仕掛けもあるのでお楽しみに。入口にはジャック・スパロウがいることも。

2024年オープン予定

[ニューオーリンズ・スクエア]
ティアナのバイユー・アドベンチャー
Tiana's Bayou Adventure

絶叫系

クライマックスで浴びる水しぶきが爽快

映画『プリンセスと魔法のキス』をテーマにしたアトラクション。ティアナたちと一緒にバイユーで冒険。最後は急流を一気に急降下！※身長102cm以上

カリフォルニアの明るい太陽の下ではじけちゃおう

ディズニー・カリフォルニア・アドベンチャー・パーク

Disney California Adventure Park (DCA)

カリフォルニアがテーマのパーク。カラリと晴れた西海岸の空の下で楽しめる屋外ライドが多い。

インディビジュアル・ライトニング・レーンが利用できるアトラクション
- ●ラジエーター・スプリングス・レーサー

ディズニー・ジーニー・プラスが利用できるアトラクション
- ●ガーディアンズ・オブ・ギャラクシー：ミッション・ブレイクアウト！
- ●インクレディコースター
- ●グーフィーのスカイ・スクール
- ●グリズリー・リバー・ラン
- ●ソアリン・アラウンド・ザ・ワールド
- ●モンスターズ・インク：マイクとサリーのレスキュー
- ●トイ・ストーリー・マニア！

※ 2023 年 8 月現在

人気のアトラクション＆ショーを巡る1Dayモデルコース

❶ カーズランド

比較的空いている朝の時間帯に、ラジエーター・スプリングス・レーサーなど迫力満点のアトラクションがあるカーズランドへ。後回しにする場合は、待ち時間の少ない「インディビジュアル・ライトニング・レーン」も使用したい。

❷ ピクサー・ピアへ

絶叫系アトラクションが充実

❸ グリズリー・ピーク

グリズリー・リバー・ランは場所によってはずぶ濡れ必至。隣のショップでポンチョが購入できる

❹ サンフランソウキョウ・スクエアへ

2023 年 8 月オープン！

『ベイマックス』の舞台となっている街の海辺をイメージ

❺ アベンジャーズ・キャンパスへ

スーパーヒーローに会えるかも！

キャンパスの中心にある司令部「アベンジャーズ・ヘッドクオーター」

❻ ワールド・オブ・カラー

見る場所によっては水しぶきがかかる。展望エリアからの鑑賞にはファストパスが必要。夕食はショーの前に済ませておこう

❼ ブエナビスタ・ストリートでみやげ探し

これだけは押さえておきたい

人気のアトラクション&ショー

インクレディコースター
ピクサー・ピア　DCAオリジナル
Incredicoaster
スピード系

スリル満点！Mr.インクレディブルの世界へ
Mr.インクレディブルの世界に飛び込む気分爽快なライドアトラクション。ピクサー・ピアをスピーディーに走り、思いがけない急降下にハラハラドキドキ！

©2023 Disney/Pixar

ピクサー・パル・ア・ラウンド
ピクサー・ピア　DCAオリジナル
Pixar Pal-A-Round
遊覧系

夕暮れどきに乗るのがおすすめ
ミッキーの顔がシンボルの巨大観覧車。ウッディやバズ、ドリーやニモなど、24のピクサーの仲間たちが描かれたゴンドラに乗って空中散歩を楽しめる。

©2023 Disney/Pixar

ガーディアンズ・オブ・ギャラクシー：ミッション・ブレイクアウト！
アベンジャーズ・キャンパス
Guardians of the Galaxy – Mission: BREAKOUT!
エキサイティング系

映画さながらの演出も魅力
『ガーディアンズ・オブ・ギャラクシー』をテーマとした、フリーフォール型の絶叫系アトラクション。

©2023 Disney ©2023 MARVEL

グリズリー・リバー・ラン
グリズリー・ピーク
Grizzly River Run
ずぶ濡れ系

大量の水がボートに侵入
8人乗りの円形ボートに乗ってグリズリー・ピークから激流を下る。下るほどに水しぶきを浴びてずぶ濡れに。滝つぼで大量の水を浴びるころには、テンションMAX！！
※身長107cm以上

ワールド・オブ・カラー
パラダイス・ベイ
World of Color
ファンタジー系

幻想的なナイトショーに感動！
巨大なウォータースクリーンに、ディズニー・アニメーションが映し出される。その美しさもさることながら、スケールに感動。カラフルなイマジネーションの世界を堪能したい。

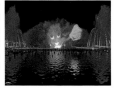

ソアリン・アラウンド・ザ・ワールド
グリズリー・ピーク
Soarin' Around the World
エキサイティング系

世界中の遺跡や大自然を上空から眺めよう
映像の動きに合わせてライドが動くアトラクション。ハンググライダーに乗って空を飛んでいるような疑似体験が楽しめる。世界各地の名所を巡ることができる空中ライド。

ディズニーグッズ・コレクション

＼ パークの思い出まるごとお持ち帰り ／

パークでいっぱい遊んだ後は、おみやげや記念品をゲットしよう。パーク内はもちろん、
ダウンタウン・ディズニーにあるショップもおすすめ！

$16.95

ソルト＆ペッパーセット
ミニーとミッキーのコンビは
食卓を華やかに

各$11.95

**カラフルな
ポップコーン**
見た目もかわいいお菓子

ココアのセット
レトロな缶がかわいい。
色々な味も楽しめる

$14.95

メジャーカップ
料理が楽しくな
りそう

$33

$22.95

ミッキーのコーヒーメーカー
お湯を注ぐだけで簡単にコーヒーが
作れるカワイイポット

**ダッフィーの
ぬいぐるみ**
アメリカならでは
のコスチューム

$6.95

$2.45

クッキー
ミッキーの顔の形をした
ココナッツクッキー

$5.99

イヤリング
ミニーの顔をかた
どったドットがか
わいいイヤリング

ミニーのキャップ
耳とリボンがア
クセント

$19.99

$9.50〜

ミニーのぬいぐるみ
衣装やサイズにより
値段はさまざま

ココで買える!!

- ● ディズニーランド・パーク→ P66
- ● ディズニー・カリフォルニア・
  アドベンチャー・パーク→ P68
- ● ダウンタウン・ディズニー→ P71

※一部扱っていない場合があります

まだまだディズニーの世界観に浸れる

ダウンタウン・ディズニー&ディズニー直営ホテル

パークで思いっきり遊んだ後は、食事やショッピングが楽しめるダウンタウン・ディズニーへ。
ディズニー直営ホテルに宿泊すれば、夢の中でもミッキーに会える。

おすすめレストラン&ショップ

ワールド・オブ・ディズニー
World of Disney

ディズニーグッズをまとめ買い

パーク内のグッズのほとんどがここにあるので、買い忘れたおみやげがあっても安心。

`DATA` 時9時〜翌1時※時期により異なる 休なし

ダッフィーのコスチュームの種類も豊富

トルティーヤ・ジョーズ
Tortilla Jo's

本格メキシコ料理が◎

明るいラテンムードのなか、タコスなどのおなじみメキシコ料理とオリジナルのマルガリータで盛り上がりたい。

`DATA` 時11時〜21時30分（土・日曜10時〜） 休なし

1階と2階があり座席数が多い

2023年1月オープン

アール・オブ・サンドイッチ
Earl of Sandwich

ハイクオリティなサンド

2004年にダウンタウン・ディズニーにオープンした店が、再び同地区に登場。職人の焼くパンと最高級の肉などの厳選食材で人気。

`DATA` 時8時〜22時30分 休なし

2023年5月オープン

クライズ・ホット・チキン
Clyde's Hot Chicken

辛さが選べるホットチキン

ロサンゼルス郊外に数店舗を展開するフライドチキン店。食材の鶏肉は無添加にこだわり、毎日店員が店舗で揚げている作りたてを提供。

`DATA` 時11〜24時 休なし

2023年6月オープン

ジャズ・キッチン・コースタル・グリル&パティオ
Jazz Kitchen Coastal Grill & Patio

人気レストランがリニューアル

ポップな内装に改装するとともに、看板のシーフードメニューを一新。ロブスターのサンドやグリルなど、おしゃれな料理が楽しめる。

`DATA` 時11〜22時 休なし

直営ホテルで夢のステイ

ココがスペシャル！
- ホテルでもキャラクター・ブレックファストが楽しめるレストランあり
- パークで買ったものを無料でホテルまで配達してもらえる
- 入場制限のある日でも入場しやすい
- 朝はミッキーの声のモーニングコール

ディズニーランド・ホテル
Disneyland Hotel

ディズニー・マジックの原点

リゾートで最初にオープンしたホテル。客室はディズニーならではのデザイン・テーマで統一されている。

`DATA` ☎(714)778-6600 ＄360〜
客室数973室

楽しい夢が見られそう

ディズニー・グランド・カリフォルニアン・ホテル&スパ
Disney's Grand Californian Hotel & Spa

リゾート気分を満喫

ヴィクトリア様式の優雅なホテル。ディズニー・カリフォルニア・アドベンチャー・パークへの専用の入口がある。

`DATA` ☎(714)635-2300 ＄417〜
客室数948室

高級感あふれるロビー

ディズニー・パラダイス・ピア・ホテル
Disney's Paradise Pier Hotel

明るくカジュアルな雰囲気

2023年冬にピクサーをテーマとした「ピクサー・プレース・ホテル」としてリニューアルオープン予定。

`DATA` ☎(714)999-0990 ＄269〜
客室数481室

営業しながら改装が行なわれている

\ 究極のハリウッド映画の世界を体験しよう / 🗺別冊P2B1

ユニバーサル・スタジオ・ハリウッド

Universal Studios Hollywood

ハリウッド映画が作られているスタジオで、映画の舞台の裏側を楽しもう。
スリル満点のライド、ショー、アトラクションで、映画の世界を楽しめる。

Information

アクセス

Ⓜ️BラインUNIVERSAL CITY駅からユニバーサル・スタジオおよび、シティウォーク行きの無料シャトルバスを利用。シャトルバスの停留所はUNIVERSAL CITY駅を出て道路を渡ったところにある。約15分間隔で循環　🕐7時～パーク閉園2時間後まで　🈳なし。車の場合は、ダウンタウンからHollywood Fwy.101番を北上し、Universal Studio Blvd.で降りてすぐ。標識に従って進むと駐車場に入れる。所要約20分。ハリウッドからは、タクシーを利用しても便利。所要約10分。

PARK DATA

🏠100 Universal City Plaza. Universal City
📞(800) 864-8377　🕐8～22時　🈳なし　💴1日パス$109～（3～9歳は$103～）※スーパーニンテンドー・ワールドに1時間早く入れるアーリー・アクセス・チケットは$20
🌐www.universalstudioshollywood.com

ユニバーサル・スタジオ・ハリウッドをもっと楽しむコツ4

1 VIPエクスペリエンス

経験豊富なガイドの案内で見学でき、すべての乗り物やショー、アトラクションにおいて無制限で優先入場が可能。さらにVIPラウンジの利用など、まるでスターのような特別体験ができる。💴$369～※要予約。オンライン予約可

2 ユニバーサル・エクスプレス

すべてのアトラクションやショーで各1回のみ優先入場ができるパス。冬季などオフピーク時は一部アトラクションで、舞台裏を見学できる特典もある。💴$199～（3歳以上）※1日入場料込み、夏期とクリスマス前後は$259

3 スーパー・マリオ・ワールドはアプリより予約

2023年2月オープンの新エリア「スーパー・ニンテンドー・ワールド」は、混雑必至。公式アプリよりエリアに入るための予約がマスト。開園1時間前に入れるアーリー・アクセス・チケット$20も活用しよう。

⭐ 効率よくまわるコツ

開園と同時に入園し、人気のアトラクションは混雑する前に乗るのがおススメ。ウォーター系ライドに乗る際は濡れることが予想されるので、カメラなどは入場してすぐ右手にあるコインロッカー（💴$8～）に預けよう。

これだけは押さえておきたい

人気のアトラクション&スタジオ・ツアー

【アッパー・ロット】　スリル系 ★

スタジオ・ツアー
Studio Tour

ユニバーサル・スタジオの原点

映画の舞台裏を見ることができるスタジオ・ツアー。スティーブン・スピルバーグ監督の要望も取り入れた、ハリウッドの歴史ある大きな街並みのセットを見学できる。

【アッパー・ロット】　ファンタジー系 ★

ウィザーディング・ワールド・オブ・ハリー・ポッター™
The Wizarding World of Harry Potter™

大人気の魔法の世界

ハリー・ポッターの世界を満喫できるアトラクション。忠実に再現された作品の世界を存分に楽しもう。

【ローアー・ロット】　スピード系 ★

トランス・フォーマー：ザ・ライド-3D
Transformers : The Ride-3D

人気No.1の最新アトラクション

フィクションと現実のラインをあいまいにしたスリル満点の次世代ライド。最先端の体感効果と特殊効果を用いたHDフォトリアリスティック3Dメディアと、フライト・シミュレーションの技術などを融合し、人類が今まで誰も見たことのない世界が体験できる。※身長102cm以上。102〜122cmは保護者同伴

【ローアー・ロット】　絶叫系

リベンジ・オブ・ザ・マミー・ザ・ライド
Revenge of the Mummy- The Ride

マミーが次々と襲いかかる絶叫アトラクション

『ハムナプトラ』シリーズをもとにした恐怖のローラー・コースター。遺跡の中を探索していくと、財宝を発見。その瞬間、暗黒になり、時速72kmで駆け抜けるコースターをマミーが追いかけてくる。急逆走&急降下と予測不能の動きで絶叫の連続間違いなし。※身長122cm以上

【ローアー・ロット】

ジュラシックパーク®-ザ・ライド
Jurassic Park®-The Ride　絶叫系

ずぶ濡れ覚悟の人気ライド

まるで生きているような恐竜、巨大なT-レックスに出会え、『ジュラシック・パーク』の世界が体験できるウォーター・ライド。25mの高さの滝からの落下が待っている。※身長107cm以上。107〜122cmは保護者同伴

【ローアー・ロット】

スーパー・ニンテンドー・ワールド
Super Nintendo World

マリオの世界がハリウッドに

日本のユニバーサル・スタジオと同様、マリオなど任天堂ゲームの世界観を再現し、マリオカートなど革新的な技術によるアトラクションもお目見え。グッズやダイニングも楽しみたい。

めいっぱい楽しんだ後はココ！

ユニバーサル・シティウォーク
Universal CityWalk

🅼🅰🅿 別冊P2B1

パークの帰りでも楽しめる

ユニバーサル・スタジオで遊んだ後は、シティウォークでもエネルギッシュに楽しもう。音楽、映画、クラブ、食事と楽しみ方はいろいろ。食事スポットは20店舗以上。ショップも10店舗以上。

DATA 🏠100 Universal City Plaza. Universal City
📞店により異なる 🕐11〜22時（金・土曜は〜23時）
※時期より異なる 🚫なし
🌐www.citywalkhollywood.com

夜遅くまで営業しており、一日中賑わっている

SHOP LIST　人気レストランや気軽に食事できるフードコートまで24店舗ある。

★ワサビ（和食）　★ドンボ・キッチン（中華）
★パンダ・エクスプレス（中華）　★ブードゥー・ドーナツ（ドーナツ）
★ヴィヴォ・イタリアン・キッチン（イタリアン）
★ババ・ガンプ・シュリンプ（シーフード）　★ピンクス（ホットドッグ）

🛍 ## ユニバーサル・スタジオ・ストア
Universal Studio Store

ロゴ入りグッズなどおみやげなら

ユニバーサル・スタジオ・ハリウッドのロゴ入りグッズ、人気キャラクターグッズなど、おみやげが揃う。パーク内で買い忘れた人は必ず立ち寄ろう。

DATA 📞(818) 622-8000 🕐8〜22時 🚫なし

E.T.の人形$14.95（左）、ミニオンのリュック$36.95（右）

ナッツベリー・ファーム

世界初のテーマパークはスリル系ライドも充実！ **MAP 別冊 P12B4**

Knott's Berry Farm

ナッツベリー・ファームは世界初のテーマパーク。西部劇の世界にタイムスリップしたり、スヌーピーらピーナッツキャラクターと遊んだり、ノスタルジックな雰囲気が魅力。絶叫系マシンにもぜひトライして。

/ SNOOPY /

/ charlie Brown &Lucy /

/ Woodstock /

入口ではスヌーピーがお出迎え

西部開拓時代を感じる機関車も走っている

ライド系アトラクションが多数！

趣向を凝らした絶叫系ライドもたくさん

Information

アクセス

ロサンゼルスのダウンタウンからメトロエクスプレスバス460番に乗り、LA PALMA AVE. & BEACH BLVD.で下車。所要1時間〜1時間30分。車の場合はダウンタウンからFWY-5を南下し、Beach Blvd.で降りて南へ。所要約40分。

PARK DATA

住8039 Beach Blvd.
☎(714)220-5200　開10〜18時（いずれも季節、曜日により異なる）　休なし
料1日パス$99.99（公式サイトからの購入割引で$64.99）　URLwww.knotts.com

オフィシャルホテルに泊まる！

ナッツベリー・ファーム・ホテル

Knott's Berry Farm Hotel　**MAP 別冊 P12B4**

スヌーピーの部屋で過ごしたい！

パーク内に隣接するオフィシャルホテル。レストランのみの利用も可能だが、丸1日遊びたい人には宿泊がオススメ。スヌーピーの部屋は、宿泊予約をするときにリクエストしよう。

DATA 住7675 Crescent Ave. Buena Park
☎(714)995-1111
料$149〜　客室数320室

2023年秋に全面改装オープン

行列でもこれだけは乗りたい！

人気のアトラクション

エクセレレイター
Xcelerator The Ride

絶叫系

絶叫系の人気 No.1

急降下と急上昇を繰り返す全長670mの人気ライド。スタートしてわずか2.3秒で時速132kmに達し、一気に62mの最高地点まで上りつめる。絶叫したい人は、並んででも乗る価値あり。※身長約132cm以上

ソル・スピン
Sol Spin

絶叫系

スリルいっぱいの新アトラクション

上下動に加え、スピンの動きで未体験のスリルを実現した新感覚アトラクション。予想がつかない動きに鼓動もマックス！

シルバー・ブレット
Silver Bullet

スリル系

ぶらさがりコースターの決定版

銀の弾丸の異名のとおり、スリル満点のぶら下がり系コースター。宙吊り状態で園内を駆け巡る。※身長約137cm以上

ティンバー・マウンテン・ログ・ライド
Timber Mountain Log Ride

絶叫系

世界最古のウォーターライド

全長640mの水路を丸太型ライドに乗って滑り抜ける。水上での浮遊感と激しい水しぶきが圧巻。急流の滝がクライマックス。

キャリコ・マイン・ライド
Calico Mine Ride

探検系

西部劇の世界へ

ゴーストタウンでカウボーイたちに遭遇した後は、暗い金鉱の中を進む昔ながらの列車に乗車。ゴールドラッシュ時代のカリフォルニアを体験しよう。※身長117cm以下は保護者同伴

グランド・シエラ・レイルロード
Grand Sierra Railroad

ファンタジー系

子ども連れもみんな楽しめる

ミニチュア蒸気機関車に乗ってキャンプ・スヌーピーとフィエスタ・ビレッジの2大エリアを巡る古き良き時代を思わせる約4分の旅では、スヌーピーらピーナッツキャラクターにも出会える。

いっぱい遊んだ後は買い物＆食事

カリフォルニア・マーケットプレイス
California Market Place

レストランやショップが集まる園外エリア。有名なフライドチキンが楽しめるミセス・ナッツ・チキン・ディナーや、キャラクターグッズが揃うピーナッツ・ヘッドクォーターズなど、食事場所は5店舗、ショップは8店舗ある。パークに再入場する人は、出口で再入場スタンプをもらうこと。

キャラクターグッズが揃うショップは必見

スヌーピーのぬいぐるみは大小さまざま

ナッツ名物のフライドチキンのセット

地元のファンと一緒に楽しむ

MLBを観戦

Major League Baseball

LA市民が熱狂するベースボール。地元には主に2つのチームがあり、どちらも
優勝経験のある強豪チーム。スタジアムに足を運んで、チームを応援しよう！

行く前にCheck

チケットの購入方法

**❶ アプリ「Ballpark」を
ダウンロード**

公式サイトで購入したチケットで入場
するにはMLBのアプリが必要。入場の
際はアプリに表示されたチケット
のQRコードをスキャンしてもらう必要
がある。「Ballpark」のアプリを使って
チケットを購入することもできる。球
団名を選び、「Schedule」から希望
の試合を選択して購入手続きへと進
もう。

❷ インターネットで購入

公式サイトのメニューから「Tickets」
を選択して希望の日程を選び、スタジ
アムのマップ上で席を決めてクレジッ
トカードで決済する。クレジットカード
の決済には、MLBアカウントの登録
が必要となるので、指示に従って登
録しよう。入場はデジタルチケットの
み有効。ダウンロードしたアプリ
「Ballpark」にチケットは転送される。

❸ オンライン購入の注意点

公式サイトからチケットを購入した場
合、チケット代とは別に手数料が発
生する。基本的に高い席ほど手数
料は割安となる。

❹ 球場のボックスオフィスで

球場のボックスオフィスで前売り券と
当日券が購入可能。対戦カードによ
っては当日券が完売することもある。

❺ チケットエージェンシーで

日本語で手配できるチケット代行業
者なら、値段は割高だが手続きがス
ムーズ。チケットのみの購入のほか、
観戦ツアーやスタジアム送迎サービ
スなども行っているので、球場の行き
帰りが心配な人にはおすすめ。
● エレファントツアー
URL www.elephanttour.com
● JTBルック・アメリカン
URL www.looktour.net

日差しが強いデーゲームの日は各階最後方や中2階の席を取り観戦したい

ドジャー・スタジアム

Dodger Stadium **MAP** 別冊P3C2 **エリア** エコー・パーク

ロサンゼルス・ドジャースの本拠地

ダウンタウンにほど近いロサンゼルス・ドジャー
スの本拠地球場へはユニオン駅から運行する無料
シャトルバスの利用が便利。日本が優勝した2009
年のワールド・ベースボール・クラシック（WBC）
決勝戦の舞台となったことでも有名。球場には、
ビールや名物ドジャードッグなどの飲食店、歴代
の選手の軌跡をたどる展示なども充実。

ダウンタウンからほど近い
場所にあるスタジアム。広
大な駐車場も完備

DATA 交 M B・D・Lライン UNION駅からメトロバス ドジャー・スタジ
アム・エクスプレスに乗車 ※試合当日のみ 住 1000 Vin Scully
Ave. ☎ (866)363-4377 URL www.mlb.com/dodgers

チームロゴのモニュメント。
選手の背番号もあり球場
周辺に写真スポットが点在
している

グッズを
GET！

（右から）チーム誕生から愛され続
けるドジャー・ブルーのチームTシャ
ツ $36とベースボールキャップ
$32.99。ステンレスタンブラー
$36.66。リールキーホルダー $8.99

ロサンゼルス・ドジャースとは？
1883年に球団を創設し、ニューヨー
クからロサンゼルスに本拠地を移動。
現在、MLBナショナルリーグの西地
区に属する。1995年野茂英雄がドジ
ャースに入団。石井一久、木田優夫、
中村紀洋、斎藤隆、黒田博樹、ダ
ルビッシュ有、前田健太らこれまで
多数の有名日本人選手が在籍。

憧れの選手が目の前に！ フィールドから目が離せない

デーゲームの場合は2階や5階の後方が日陰になりやすいのでおすすめ

エンゼル・スタジアム・オブ・アナハイム

Angel Stadium of Anaheim **MAP** 別冊P12B4 **エリア** アナハイム

エンゼルスの本拠地

4万5000人以上の収容人数を誇る、ロサンゼルス・エンゼルス・オブ・アナハイムの本拠地。地元選手がホームランを打つと、センターの後方にある巨大な岩から滝が流れるダイナミックな演出が自慢。高さ27mの滝と花火が打ち上がるなど、見逃せないポイントがたくさん。

DATA 交M・B・D・ラインUNION駅からオレンジ・カウンティ・ラインで45分、ANAHEIM REGIONAL TRANSPORTATION INTERMODEL CENTER駅から徒歩2分 住2000 E. Gene Autry Way ☎(714)940-2000 URLwww.mlb.com/angels

グッズをGET！

（右上から）シティコネクトシリーズのジャージ$179.99。ユニフォーム型のキーチェーン$9.99。二刀流大谷翔平選手の写真入りブランケット$45.99。漢字の名前と背番号が入った大谷翔平選手のレアなユニフォーム$179.99

スタジアムの正面入口。飲食店やショップも併設されている

選手のいるベンチが目の前で見られる1塁側スタンド

LA2028の開会式が行われる！

ソーファイ・スタジアム

So-Fi Stadium **MAP** 別冊P2B4 **エリア** イングルウッド

2020年に完成した
新スタジアムで選手体験も

2020年にロサンゼルス国際空港から東6kmにある競馬場跡地にオープンしたソーファイ・スタジアムは、NFLラムズとチャージャーズの新本拠地。VIPルームやロッカールームなど普段入ることのできない内部を見学できるツアーが行われている。

DATA 交メトロバス211/215・212番PRAIRIE AVE./HARDY ST.から徒歩15分 住1001 S. Stadium Dr. ☎(424)541-9100 時10～18時の15分ごとに出発。所要時間はガイドツアー約1時間、その後フィールド自由見学付は約2時間※英語のみ、時間帯によってフィールド見学ができない日もある 休季節により異なる 料$39～※オンラインで要事前購入 URLwww.sofistadium.com/stadium-tours

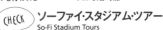

BTSなど人気アーティストのコンサートも行われる

9月上旬から1月下旬がNFLシーズン。7万人が収容可能

CHECK **ソーファイ・スタジアム・ツアー**
So-Fi Stadium Tours
試合やイベントのない日にガイドとスタジアム内を見学できる。ツアーは3種類あり、フィールドにも入れる。

乗り降り自由なオープンバスHop-on Hop-off

観光バスでLAをぐるり

広大なロサンゼルスに点在する観光名所を効率よくまわれるダブルデッカーバスは、観光客には頼もしい味方。うまく乗りこなして、限られた時間で観光を楽しもう。

真っ赤なダブルデッカーでいざ出発！

ホップ-オン・ホップ-オフ
Hop-on Hop-off

観光ポイントを3つのルートで巡回

効率よく動きたいけど、レンタカーを乗りこなすのはちょっと…という観光客におススメなのが、観光バスHop-on Hop-off。ロサンゼルスの主要観光地を網羅するルートは全部で3つ。料金は一律で時間内なら乗り降りも自由。オープンデッキからの開放感ある景色も◎。うまく使いこなせば、観光にもショッピングにも便利な足となるはず。

DATA ☎(323)463-3333 圏ルート、季節により運行時間が異なる。詳細は時刻表で確認を 圏右記参照 俄なし 圃www.starlinetours.com

Hop-on Hop-offはこう乗る！

① チケットの購入方法
ＴＣＬチャイニーズ・シアター前で購入する。オンラインまたはバスの中（現金のみ）でも購入可。購入時に渡されるパンフレットに路線図と運行時刻が記されているので確認を。

② 乗り降りも簡単
購入したチケットを乗車時にドライバーに渡すと、時刻が刻印された乗車券をくれる。再乗車時は乗車券を見せればよい。

ココが便利！

主要エリアを3路線が巡回
レッド・ルートはハリウッド、イエロー・ルートはビバリーヒルズ〜サンタモニカ、パープル・ルートはダウンタウンをカバー。

料金は一律で乗り降り自由
乗車チケットは24時間$49、48時間$72、72時間$82の3種類で、時間内なら全路線で乗り降り自由。

日本語対応の音声ガイド
日本語の事前録音されたガイド音声を聞きながら、バス内からも観光できる。

Let's go!

ハリウッドを中心に巡る人気路線

レッド・ルート Red Route

運行DATA
時10〜16時　45分間隔で運行
※時期により変動あり
休なし

オペーション・ハリウッド前から出発し、ハリウッド〜ウエスト・ハリウッドの主要観光ポイントを網羅。
観光から買い物、美術館巡り、食事やライブハウスまでこれ1本でアクセスOK！

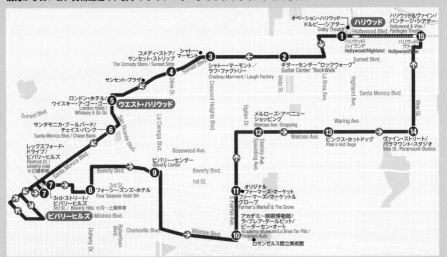

ここに行けます！

ドルビー・シアター（→P22）
ハリウッド観光の中心。隣接するTCL チャイニーズ・シアター前ではチケット購入ができる。
バス停①から徒歩1分

シャトー・マーモント
セレブの隠れ家として有名なお城のようなホテルは、記念撮影ポイント。
バス停③からすぐ

オリジナル・ファーマーズ・マーケット（→P58）
おみやげに最適な食材も揃い、世界各国の屋台グルメも楽しめる。
バス停⑪からすぐ

ロサンゼルス郡立美術館（→P29）
ロサンゼルスを代表する美術館。乗車券の提示で入館料が割引に。
バス停⑩からすぐ

ビバリー・センター（→P60）
2つのデパートが入る人気ショッピングモール。買物に便利。
バス停⑨からすぐ

サンセット・ブールバード
人気ライブハウスが軒を連ねるエリア。
バス停⑤から徒歩3分

バイパー・ルーム
ジョニー・デップが元オーナーのクラブはセレブで賑わう人気店。
バス停⑤から徒歩3分

ロデオ・ドライブ（→P32）
プラダやグッチなど高級ブランド店が軒を連ねる通りでブランドショッピング。
バス停⑦から徒歩15分

パラマウント・ピクチャーズ・スタジオ（→P25）
映画の撮影現場が見られるスタジオ見学ツアーに参加もできる。
バス停⑭から徒歩10分

ピンクス（→P26）
ボリューム満点のホットドッグ！お腹がすいたらここで下車しよう。
バス停⑬から徒歩1分

メルローズ・アベニュー（→P36）
古着ショップが軒を連ねるエリア。掘り出し物を探しに行こう。
バス停⑫からすぐ

ロバートソン・ブールバード（→P34）
セレブに人気のセレクトショップが集まるエリア。ウインドーショッピングも◎。
バス停⑨から徒歩10分

ロサンゼルス市内交通

ロサンゼルスの主な交通機関は鉄道(メトロレイル)やバス(メトロバス)。これらは旅行者にも利用価値が高く、便利な移動手段だ。

⭕ 街のまわり方

ロサンゼルスは広く、基本的には車社会。公共交通機関で移動する場合は、プランニングの際にエリア間の移動時間を考慮しよう。タクシー利用も組み合わせて効率よく動きたい。

●目安は1日2エリア

旅に出ると、あれもこれもとたくさんの行程を詰め込んでしまいがちだが、エリアが広いロサンゼルスでは、なかなか計画どおりに移動できない。レンタカーを借りず公共交通機関やタクシーを利用するなら、1日にまわるエリアは2つに絞って、じっくり街歩きを楽しもう。

●住所の表し方

ロサンゼルスの住所の表し方はシンプル。番地と通りの名前が基準になっており8000 Melrose Ave. という住所は 8000 が番地、Melrose Ave. が通りの名前。通りの名前の後に Suite 100 などと部屋番号が入っている場合もある。通りの名前の前に East・West・South・North(E.W.N.S.)と付くことも多い。

●車社会のLAをうまくまわる

ロサンゼルスは広い。地元住民の主な交通手段が車であることからもわかるように、主なエリアは散在している。バスや鉄道を乗り継げば、主要観光スポットにはアクセスできるが、乗り継ぎにはある程度時間がかかる。プランを立てるときには、エリア間の移動時間も考慮しよう。限られた滞在期間を有効に使うためには、タクシーや配車アプリも利用したい。なんといっても早く移動でき、4名まで乗車できるので割り勘にすれば経済的だ。
また、車社会ゆえ平日のラッシュアワーや週末、祝祭日は渋滞が発生し、予想以上に時間がかかることもあるので覚えておくこと。時間には余裕をもって移動しよう。

アメリカの道路はたいてい道幅が広く、車の往来も多い。必ず横断歩道を利用し、横断時には周りをよく確認しよう

横断歩道を渡るときは信号機に付いている銀色のボタンを押し、歩行者用の信号が青になるのを待とう

チケットの種類

公共交通機関を利用するならさまざまなチケットがあるのでチェックしておこう。1日に何度も利用するなら、1日券がおすすめ。

⭕ TAPカード

メトロレイルやメトロバス、ダッシュ・バスなどで共通して使えるプリペイド式のICカード。新規で購入する場合には、チャージ料金以外に$2必要。購入後は繰り返しチャージして使える。購入は自動券売機やメトロ・カスタマーセンターで。

TAPカード・アプリを使用する場合、運賃上限が適用され、1日の上限$5、1週間の上限$18を超えると自動的に無料となる。

TAPカード

ビッグ・デイ・パス

⭕ TAPアプリ

近距離無線通信(NFC)が搭載されたスマートフォンなら、ICカードの代わりとしてTAPアプリが使用できる。ダウンロードは無料。日本でのモバイル決済サービスと同様に、自動改札機にスマートフォンをかざして改札を通過する。

⭕ ビッグ・デイ・パス

サンタモニカを拠点とするビッグブルー・バスが乗り放題になる1日券 $4。7日券は $14。トランジット・ストア(MAP ● P39A3)で購入できる。

券売機で1日券を買う(新規)

❶ どれでもいいので券売機のボタンを押す
❷ 「Purchase new TAP + Fare」を押す
❸ 「TAP($2fee) and Metro Fare」を選択
❹ 「Metro Day Pass Valid on 1st tap」を選択
❺ 金額投入
❻ 発行口からチャージされたカードを受け取る

※1日券をチャージする場合は、「Add fare to TAP Card」を選択→カードを「TAP HERE」にかざす(タップする)→「Add Metro pass」を選択→「Metro Day Pass Valid on 1st tap」を選択→$7投入→再度カードを「TAP HERE」にタップする→チャージ完了。※カードを2回かざしてチャージが初めて完了する

プチ情報　「ビッグ・デイ・パス」は、4人まで同じチケットで同時に利用できるので、少人数のグループなら1枚で済む。

◯ 地下鉄　　Metro Rail

メトロレイルはMTA（ロサンゼルス郡都市交通局）が運営する鉄道。6路線あり、すべてカラーで分けられているのでわかりやすい。ダウンタウンにあるユニオン・ステーションを中心に、ロングビーチやロサンゼルス国際空港など広範囲をカバー。ユニオン・ステーションからはLA近郊の各地へ延びるメトロ・バスウェイやメトロリンクも発着。

●観光に便利な主な路線

◯Bライン
オベーション・ハリウッドやユニバーサル・スタジオ・ハリウッドの駅があり、旅行者には便利なライン。

◯Aライン
ダウンタウンのメトロセンターからロングビーチまで運行するが、途中の治安はあまりよくない。

◯Dライン
ダウンタウンを中心とした路線で、UNION STATIONから西へ延びるライン。2025年以降さらに西に延伸予定。

◯Eライン
ダウンタウンからサンタモニカをつなぐ。DOWNTOWN SANTA MONICA駅が終点でサンタモニカプレイスなどの観光地が目の前。

◯Kライン
EラインEXPO/CRENSHAW駅からロサンゼルス空港方面へ延びる。2024年には空港外に建設中のメトロ・コネクターとつながる予定。

●自動券売機で片道切符を買う

紙の切符は廃止され、片道切符もTAPカード。初めて購入する際は片道料金＋$2が必要だ。

1 画面を進める
券売機には合計10個のボタンがあり、このボタンを押して切符を購入する。どれでもいいのでボタンを押すと次の画面が表示される。ここで「Purchase new TAP Card＋Fare」を選択。

2 切符の種類を選択
「TAP（$2fee）and Metro Fare」を選びボタンを押し、片道切符「Metro Rail 1-Ride」を選ぶ。画面タッチではなく、アルファベット横の銀のボタンを押して選択。

3 料金を払う
紙幣かコインを投入。おつりはすべてコインで出てくるので、高額紙幣の使用は避け小額紙幣かコインを使おう。クレジットカードも利用できる。新規の場合、チャージ金以外に$2が必要。

4 切符とおつりを受け取る
TAPカードとおつりは、「TAP/TICKET/CHANGE」と書かれた券売機下の横長の口から出てくる。おつりの額と切符の種類が間違っていないか、念のため確認しよう。

●料金
チャージ金$2＋片道$1.75

◯運行時間
運行時間：5時ごろ〜翌1時ごろ（路線により異なる）

●乗ってみよう

路線図を見て、路線、行き先、乗り換え駅などをしっかり確認してから乗車しよう。

1 駅を探す
駅にはMetroの「M」マークが書かれた標識が立っており、そこが入口。地下鉄とはいえ路線とエリアによっては地上を走っているので駅は簡単に見つかる。

2 路線を確認する
自分の行きたい方面へはどのラインに乗ればいいのか、どの駅で乗り換えをするのかなどを路線図などで確認しよう。

3 切符を買う
切符（TAPカード）は自動券売機で購入する。あらかじめコインもしくは小額紙幣を用意しておくといい。現金のほかクレジットカードも使え、領収書も発行される。

4 改札を通り乗車
改札のようなゲートの「TAP」と書かれた部分にTAPカードをタップしホームに出る。プラットホームや車内ではしばしば検札が行われているので、必ずTAPカードを購入すること。ホームは路線によって異なるので、目的地をしっかり確認すること。

5 降車して改札を出る
停車駅を伝えるアナウンスはあるが、騒音と早口で聞き取ることは難しい。目的の駅は何駅目か事前に調べておいたほうがよい。改札がないので、そのまま出口へ向かう。

6 地上に出る
車内では駅名や乗り換え路線のアナウンスがある。ホームに表示された駅名を確認してから下車する。

◯ バス Bus

ロサンゼルス市内を走るバスは「メトロバス」「ビッグブルー・バス」「ダッシュ」「カルバーシティ・バス」の4種類。旅行者の移動手段としておすすめなのは、メトロバスとビッグブルー・バス。そのほかのバスはルートがとても複雑なので市民向け。そのほか、アナハイムのテーマパークなど郊外へ行くメトロ・エクスプレスはダウンタウンから発着している。いずれも乗る前に路線番号の確認を忘れずに。

● メトロバス Metro Bus

MTA(ロサンゼルス郡都市交通局) が運営するバス。ロサンゼルス市内を広く網羅している。路線番号によって運行エリアやバスの種類が分けられており、路線数は200以上と膨大。Mマークの停留所の標識に、路線番号と行き先が表示されている。急行のメトロラピッド(Metro Rapid) やメトロ・エクスプレス(Metro Express)、地下鉄や他路線への連絡バスのメトロ・バスウェイMetro Busway(シルバーラインとオレンジライン)もある。

○料金
$1.75
○運行時間
4時30分ごろ～翌1時ごろ(路線により異なる)

● ビッグブルー・バス Big Blue Bus

サンタモニカ市営のバスで、通称BBB。周辺エリアとの間を巡回する。サンタモニカの中心となるサード・ストリート・プロムナード～アボット・キニー・ブールバード間を移動するなら、ルート1を利用すると便利。

○料金
$1.25(TAPカードを使う場合$1.10)
○運行時間
5時30分～24時ごろ(路線により異なる)

● ダッシュ Dash

LADOT(ロサンゼルス市交通局) 運営のバス。ダウンタウンを巡回する5路線が便利。週末は若干ルートが変わる。平日の朝夕は、通勤用のコミューター・エクスプレスも運行。

○料金
$0.50
○運行時間
5時50分～21時ごろ(土・日曜は10～17時、路線により異なる)

⚠ ダッシュ利用時の注意ポイント

・ダウンタウンを走る路線は、平日の夕方帰宅ラッシュで乗れないこともある
・土・日曜、祝日には運休する路線が多い

● 乗ってみよう

① バス停を探す
バス停には路線と行き先が記されたボードが立っている。バス停は屋根付きのものから標識がポツンと立っているものまでさまざま。

② 路線を確認する
1つのバス停に複数の路線のバスが停車することがあるので、バスの車体正面上部に表示されている路線番号と行き先を乗る前にチェック。

③ 乗車する
バスが来たら手を挙げて乗車の意思をドライバーに知らせ、前のドアから乗る。乗車の際、目的地に行くかどうか確認し、到着したら声をかけてくれるように伝えておくと安心だ。

④ 料金を支払う
おつりは出ず両替機もないので、料金はピッタリの額を用意しておこう。コインと紙幣の投入口は別なので注意。快速バスは別途追加料金が必要。TAPカードで支払う場合は、TAPマークにタップすればOK。

⑤ 降車をリクエストする
目的のバス停が近づいたら、ワイヤーまたはゴムのベルトを引く。すると前方の赤い表示「STOP REQUIRED」が点灯し「降ります」の合図になる。

⑥ 降車する
後ろのドアから降りるのが基本だが、前のドアが近い場合はそこから降りてもいい。

⚠ 乗車&降車時の注意ポイント

・夜間の利用は注意しよう。基本的に車内は安全だが運転席の近くにいると安心だ
・バス停が街の中心部から離れている場合は要注意。タクシーを利用するなど別の方法で移動しよう
・主な乗り換えポイントは、主要道路が交差する場所。事前に確認しておこう

◯ タクシー　Taxi

広いロサンゼルスでの移動は、バスや地下鉄を乗り継ぐよりタクシーを使ったほうが早い。特に通りに人が少なくなる深夜や早朝などに移動する場合は、安全面からもタクシーの利用がおすすめだ。

○料金
市で認可されたタクシーであれば初乗り＄3.10(1/9マイル)。以降1/9マイルごとに＄0.33の加算。渋滞などの待ち時間は37秒ごとに＄0.30、遠方に行く場合は遠隔地料金が加算される
○運行時間
24時間

●主なタクシー会社

●Yellow Cab Co.　(424)222-2222
●United Taxi　(800)822-8294
●United Checker Cab　(877)201-8294
※市で認可されたタクシーには特定のマークが貼られている。正規の認可を受けていない白タクには絶対に乗らないこと。

●乗ってみよう

有名観光地以外の行き先の場合は、言葉に自信がなければ住所を書いたメモを用意しておこう。

 タクシーを探す
基本的に流しのタクシーはないので、観光スポットやホテルなどのタクシー乗り場から乗車する。

 乗車する
ドアの開閉は手動。行き先を告げても通じないことがほとんどなので、住所を伝えるようにしよう。車が動き出したらメーターが動いているかの確認も忘れずに。

3　料金を払って下車する
料金とは別に料金の15〜20％のチップが必要。トラブル防止のためにもレシートは必ず受け取ること。忘れ物がないかを確認し、自分でドアを開け降りる。ドアを閉めるのを忘れずに。

◯ レンタカー　Rent a Car

観光エリアが広範囲に点在するロサンゼルスでは、移動手段の一つとしてレンタカーも有効だ。

●借りる

日本で予約する
使う予定が決まっていれば、日本で予約しておくと便利。日本のレンタカー会社予約事務所に、希望日、ピックアップの時間と場所、車種を伝えると、後日、予約確認書が送られてくる。現地で車をピックアップする際には、予約確認書と国際運転免許証、免許証と同じ名義のクレジットカード、パスポートが必要。
現地で借りる
空港や主要ホテルのカウンターで直接申し込む。運転者が複数いる場合は、その旨を伝えること。万が一に備え、保険には必ず加入しておこう。申込み時に「フルカバー(Full Cover)」と告げ、すべての保険に入っておけば安心。

●返却する

借りた場所で返すのが基本だが、別料金を払えばほかの営業所で乗り捨てできる場合もある。ガソリンは、借りたときの目盛りかそれ以上にして返却するのが基本。

●主なレンタカー会社

●アラモレンタカー　日本:0120-088-980(通話料無料)
　ロードサイド・アシスタンス:1(800)803-4444
●エイビスレンタカー　日本:0120-311-911(通話料無料)
　ロサンゼルス国際空港:1(310)342-9200
●ダラーレンタカー　日本:0800-999-2008(通話料無料)
　オンレント・ヘルプ・デスク:1(866)434-2226

◯ 配車アプリ

日本よりもUberやLyftなどの配車アプリが普及。タクシーに代わる移動手段となりつつある。

●アプリを入手する

配車アプリをスマートフォンにダウンロードし、アカウント、支払い方法を登録。Uber、Lyftいずれも電話番号の登録とSMS認証が必須。

●配車手配をする

希望車種、乗車場所・降車場所を地図上で指定する。乗車場所はGPSで現在地が示されるが、それとは別に指定することもできる。ドライバーとマッチングしたら、ドライバーの情報や現在地が表示される。Uberは黒、Lyftはピンクのステッカーが配車された車のフロントガラスに貼ってあるので、目印にしよう。ドライバーとうまく合流できない場合は、電話でやりとりすることもあるので、簡単な英語ができると安心。

●降車・精算

到着後の精算は自動で行われる。最後にアプリから評価とチップを入力。

 ロサンゼルス国際空港(LAX)を乗車地にする場合

空港から出て市内に行く場合、バスやメトロなどの交通手段ごとに、専用の乗り場が設けられている。タクシーやUberなどの配車アプリを使用する場合は、専用乗り場「Lax-it」行きの緑の無料バスに乗車する。タクシーはほかにも国際線ターミナルの向かい側にある駐車所3番の中、ターミナル7の外の2カ所にも乗り場が設けられている。

オプショナルツアー

滞在日数が限られた旅行者でも、無駄な時間や手間を省いて効率よくみどころをまわることができるのが、JTBの現地発着ガイド付きツアー。日本語ガイド付きも多いので言葉の不安も少ない。

ルックアメリカンツアー
Look American Tours JTB USA Inc.

DATA　日本語対応ダイヤル ☎212-424-0800
米国国内フリーダイヤル ☎1-800-566-5582
時6〜14時 ※米国西海岸標準時間　休土・日曜、祝日
E-mail：look@jtbusa.com
URL www.looktour.net ※オンライン予約可

①出発時間　②所要時間　③催行日　④料金　⑤催行人数
⑥日本語ガイド

映画ロケ地付き
ロサンゼルス1日観光

至近距離からハリウッド・サインを見学したり、スターの手形を見る定番ツアー。オベーション・ハリウッドではランチやショッピングを楽しもう！

①9時発　②約8時間　③毎日　④$190　⑤2名〜　⑥あり

アナハイム 野球観戦ツアー バックネット裏席
（Diamond Club席指定）

ホームスタジアムで生観戦。投打に大活躍の日本人選手を間近で応援するなら、大迫力のバックネット裏ダイヤモンド・クラブ席がおすすめ！

①試合日程により異なる　②約6.5時間　③ホームゲーム開催日　④$340 ⑤2名〜　⑥あり

ロサンゼルス半日市内観光

ロサンゼルス市内を効率よく短時間で観光するツアー。見逃せないハリウッド、ビバリーヒルズ、ロデオドライブ、サンタモニカなどを巡る。

①9時発　②約5時間　③毎日　④$110　⑤2名〜　⑥あり

グリフィス・パークの夜景と
ローリーズ・プライムリブのディナー

1938年創業の名店で自慢の極上プライムリブのディナー。その後、L.A.の夜景をグリフィス・パークから眺め、映画の舞台となった場所でロマンチックな夜を過ごす。

①16時30分発　②約5.5時間　③火〜日曜　④$260　⑤2名〜
⑥あり

【専用車】ロサンゼルス プライベート観光
（車両指定無し/バン）

ぴったりのツアーが見つからない、公共の交通機関で移動するのは不安、そんな方にぴったりのプライベートチャータープラン。利用人数に合わせて車両を用意。

①応相談　②約4時間〜　③毎日　④車両1台$360〜　⑤1名〜
⑥あり

カリフォルニア・ワイナリー見学と
テメキュラ・ツアー

南カリフォルニアを代表するワインの産地「テメキュラ」のワイナリーへご案内。計3カ所のワイナリーに加え、「トムズ・ファーム」と「オールド・タウン」にも立ち寄る。

①8時30分発　②約10時間　③毎日　④$220　⑤3名〜　⑥あり

ハリウッド・スター豪邸めぐりツアー

ビバリーヒルズの住宅街にあるハリウッド・スターの豪邸の数々を車窓観光。オベーション・ハリウッドの自由時間ではハリウッド・スターの手形・足形も必見！

①11時発　②約4時間　③毎日　④$110　⑤2名〜　⑥あり

【専用車】プライベート空港送迎
ロサンゼルス空港／ダウンタウン地区

ロサンゼルス国際空港〜ダウンタウン地区の到着・出発をプライベート送迎。日本語ドライバーが専用車で送迎するので、他のお客様を待つことなく移動が可能。

①応相談　②約3時間　③毎日　④1台あたり$270〜　⑤1名〜
⑥あり

※ 2023年7月現在のツアー内容・料金です。出発時間は集合時間によって多少前後します。
※ツアーはすべて予約が必要。特記のあるツアー以外は前日の12時（余裕をもって催行2日前）までの申込みをおすすめします。詳しくは申込み問合せ先へお問い合わせください。

Lala Citta Los Angeles & San Francisco

Area2

サンフランシスコ

San Francisco

穏やかな気候に恵まれ、

海沿いに発展した箱庭のような美しい街

ケーブルカーに乗って、坂道を巡る

サンフランシスコ早わかり

サンフランシスコ湾に面した海辺の街。坂の街としても知られ、思いがけない絶景に出合えるのも街歩きの醍醐味。徒歩でも十分だが、レトロなケーブルカーや小回りの利くバスを活用すればさらに効率アップ。

ハイソな香りがする高級住宅街

❶ パシフィック・ハイツ
Pacific Heights　→P112

ヨーロッパの香り漂う高級住宅地。通りの両側にヴィクトリア様式の優美な建物が並び、センスのいいカフェやショップも多い。

最寄り駅　ミュニバス22番・45番が通り沿いを走る

新たな流行の発信地

❷ ミッション
Mission　→P110

市内中心部の南側にあり、おしゃれなショップが続々オープンしている話題のエリア。治安はいまひとつなので夜の一人歩きは慎みたい。

最寄り駅　バート16TH ST.MISSON駅、ミュニバス 33 番 18TH ST.& VALENCIA ST.など

世界中の観光客で賑わうベイサイド

❸ フィッシャーマンズ・ワーフ
Fisherman's Wharf　→P94・98

北東部の海側にあり、観光客であふれる人気エリア。大きなカニの看板がシンボルだ。ピア39から西側一帯にショップやレストランが集中している。アルカトラズ島(→P101)へのフェリーはピア33から発着。

最寄り駅　ミュニメトロF線BEACH ST.& STOCKTON ST.、ケーブルカー・パウエル&ハイド線など

ゴールデンゲート・ブリッジ

サウサリート
Sausalito
SFの北側にある小さな港町。SFからはフェリーのほかサイクリングでアクセス(→P97)

バークレー
Berkeley
カリフォルニア大学のお膝元にある高感度な街。サンフランシスコ中心部からはバートで30分 (→P116)

ナパ・バレー
Napa Valley
カリフォルニア・ワインの主産地。ワイナリーで試飲してお気に入りワインをゲット

ヨセミテ国立公園
Yosemite National Park
SFから300kmほど東にある国立公園。滝と岩が織りなす自然の造形美を楽しめる(→P118)

フランシスコ湾

アルカトラズ島

異国情緒漂う中華街とイタリア人街

④ チャイナタウン/ノース・ビーチ
Chinatown/North Beach　→P93

活気あふれるチャイナタウンは世界有数の規模。本格的な中国料理の店が並び、ランチスポットとしても最適。その北側のノース・ビーチにはイタリア系の店が多い。

最寄り駅 ケーブルカー・パウエル&メイソン線、ミュニバス30番・39番・45番など

サンフランシスコの中心エリア

⑤ ユニオン・スクエア
Union Square　→P93

広場を中心にブランドショップやレストラン、高級デパート、ホテルなどが集まるSFの中心地。観光案内所やケーブルカーの発着所も近く、観光の拠点にぴったり。

最寄り駅 ケーブルカー・パウエル&ハイド線、パウエル&メイソン線、ミュニメトロF・T線など

SF観光はここから始めよう!
ケーブルカーでおさんぽ

SF名物ケーブルカーは観光の足としてはもちろんアトラクションとしても大人気。
初めての街歩きはケーブルカーを乗りこなすところから始めよう。

立って乗る
ステップ乗車も
SF名物

STOP!!!

ハイド・ストリートを走るケーブルカー。海に浮かぶのはアルカトラズ島

ケーブルカーは交差点の中央に停車。停留所にはこのサインが

グリップマンとよばれる操縦士。レバーを操作して運転する

Route1
パウエル&
ハイド線で

ユニオン・スクエアからフィッシャーマンズ・ワーフへ

【 おさんぽ ROUTE 】

1 ケーブルカー乗車場
↓ MASON ST.& JACKSON ST.下車
2 ケーブルカー博物館
↓ HYDE ST.& LOMBARD ST.下車
3 ロンバード・ストリート
↓ 徒歩3分
4 ハイド・ストリート
↓ HYDE ST.& BEACH ST.
　から徒歩3分
5 ギラデリ・スクエア

まわり方アドバイス

ケーブルカー乗車場は混雑するので朝早いうちにスタートしたい。ケーブルカー博物館まではパウエル&メイソン線も同じルートを走る。何度も乗り降りできるビジター・パスポート(→P125)が便利。

フィッシャー
マンズ・ワーフ
N　0　　　500m

5 ギラデリ・スクエア
キャナリー
3 ロンバード・
　ストリート
セント・ピーター&
ポールズ教会
4 ハイド・ストリート
Columbus Ave.
Chestnut St.
パウエル&ハイド線
Leavenworth St.
Stockton St.
Hyde St.
Powell St.
Mason St.
ユニオン・スクエア
Polk St.
Larkin St.
グレース大聖堂
California St.
カリフォルニア線
ケーブルカー
博物館 2
パウエル&メイソン線
メイソン・ストリート
Geary St.
Ellis St.
ケーブルカー
乗車場 1
Eddy St.
Turk St.
MUNI METRO
アジア美術館
市庁舎
シビック・
センター

1 ケーブルカー乗車場 MAP 別冊P16B4

Cable Car Stop - Powell St. & Market St.

人力の方向転換も必見

街歩きはパウエル・ストリートの乗車場からスタート。2路線の乗車場になっており、昔ながらの人力による方向転換が見られる。座席分しか乗れないため週末などは長い列ができる。

DATA 🚇ミュニメトロ、バートPOWELL駅から徒歩1分
🕐7〜23時　🅿なし

方向転換の流れを CHECK!

転回場に入線

円盤に乗ったら人力で回転

1人でも操作できる

転回後も人力で押し出す

古い車両や歴史的な写真などを展示

ケーブルカー博物館
Cable Car Museum　MAP 別冊P16A1

ケーブルカー・システムの中枢

19世紀後半の最盛期から現在までのケーブルカーの歴史や動くしくみを紹介。博物館であると同時に現役のパワーハウスでもあり、休みなく動くケーブルの様子を見ることもできる。

DATA 図ケーブルカー・パウエル＆メイソン線CABLE CAR MUSEUMからすぐ　値1201 Mason St.　(415)474-1887　時10〜16時(金・土曜は〜17時)　休月曜　料無料

ケーブルの動力室

斜面に立つレンガ造りの建物

レトロなケーブルカーの置物

I♥SF マグネット

豆知識　ケーブルカーの歴史

世界初のケーブルカーがSFに登場したのは1873年。坂の街の重要な移動手段として発展し、最盛期には600台もの車両が運行していた。1906年の大地震後は電気トロリーに姿を変え一時は廃止の危機に。第二次世界大戦後、住民投票によって保存することが決まり、SFの名物になった。国の歴史記念物にも指定されている。

ロンバード・ストリート
Lombard St.　MAP 別冊P15C1

世界一曲がりくねった道

ハイド・ストリートからレブンワース・ストリートに向かう一方通行の道。観光名所にもなっており、週末には車の列ができることも。坂の両側の歩道で下まで歩いて見上げてみよう。

DATA 図ケーブルカー・パウエル＆ハイド線HYDE ST. & LOMBARD ST.からすぐ

車が慎重に下りてくるのを見学できる

歩行者用の階段。坂の下までは3分ほど

ハイド・ストリート
Hyde St.　MAP 別冊P15C1

坂の街を象徴する風景

ハイド・ストリートはSFを代表する絶景スポット。坂道がまっすぐ海に続き、坂の街であることを実感できる。特に絵になるのはチェスナッツ・ストリートあたりからの風景。

DATA 図ケーブルカー・パウエル & ハイド線 HYDE ST.& CHESTNUT ST.からすぐ

交通には十分注意しよう

撮影のコツ

坂、海、アルカトラズ島、ケーブルカーを同時に入れるのが定番。事前に構図を確認しておき、ケーブルカーが来たら対向車に気をつけながら連写しよう。冬は影が邪魔になることが多く、午前中のわずかな時間が狙い目。

ギラデリ・スクエア
Ghirardelli Square　MAP 別冊P18B2

SF名物ギラデリ・チョコの工場跡

定番みやげの一つ、ギラデリ・チョコの工場跡を改装したショッピングモール。ギラデリのカフェのほかレストランやショップ20店ほどが入っている。

DATA 図ケーブルカー・パウエル & ハイド線 HYDE ST.& BEACH ST.から徒歩3分　値900 North Point St.　(415)775-5500　時11〜21時(店により異なる)　休なし

おすすめSPOT

ギラデリ・チョコレート・エクスペリエンス
Ghiradelli Chocolate Experience　MAP 別冊P18B2

ギラデリのチョコや飲み物を楽しめるカフェ。チョコレートソースと生クリームたっぷりのパフェが名物。

DATA 値ギラデリ・スクエア内　(415)447-2846　時10〜22時(金・土曜は〜23時)　休なし

3種類から選べるパフェは$14.95

カフェに隣接するショップでは、チョコのおみやげも買える

チャイナタウンの目抜き
通りグラント・アベニュー

ビルの間に
ベイ・ブリッジが
見える

Route2 カリフォルニア線で チャイナタウンからユニオン・スクエアへ

1 フェリー・ビルディング
Ferry Building
MAP 別冊P17D1

ベイ・ブリッジを一望

サウサリート（→P97）などへのフェリーが発着し、ベイ・ブリッジの眺望スポットでもある。館内には個性的なショップが並び、周辺広場で開かれるファーマーズ・マーケットも有名（→P115）。

DATA ミュニメトロF線 THE EMBARCADERO & FERRY BUILDINGから徒歩1分 1 Ferry Building

マーケット・ストリートの端に立つ

フェリー・ビルディング周辺では週3回ファーマーズ・マーケットを開催

【 おさんぽROUTE 】

1 **フェリー・ビルディング**
↓ 徒歩5分
2 **ケーブルカー乗車場**
↓ CALIFORNIA ST.&GRANT AVE.下車
3 **チャイナタウン**
↓ CALIFORNIA ST.&TAYLOR ST.下車
4 **グレース大聖堂**
↓ POWELL ST.&POST ST.下車
5 **ユニオン・スクエア**

まわり方アドバイス

乗車場からパウエル・ストリートあたりまでは上り坂。グレース大聖堂からユニオン・スクエアへはカリフォルニア線とパウエル＆メイソン（またはパウエル＆ハイド）線の2本のケーブルカーを乗り継ぐ。下り坂なので徒歩でも15分ほど。

ユニオン・スクエア周辺をCheck!

サンフランシスコ近代美術館
San Francisco Museum of Modern Art (SFMOMA)
MAP 別冊P17C4

マリオ・ボッタによる斬新なデザイン建築で知られる。ウォーホルやリヒテンシュタインなど20世紀のアメリカンポップアートに加え、ヨーロッパの絵画も充実。カジュアルなフレンチアメリカンレストラン「グレース」も人気。

photo:Jon McNeal,©Snøhetta

DATA ミュニバス14番MISSION ST.& 3RD ST.から徒歩1分 151 3rd St. (415)357-4000 10～17時（ストア11時～、木曜13～20時） 水曜 $25

開発が進む話題のソーマ（SOMA）地区

SOMAとはSouth of Marketの略、つまりマーケット・ストリートの南側エリアのこと。ひと昔前は危険な場所として知られていたが近年再開発が進み、美術館や高級ホテルなどが次々に登場。活気あるエリアとして注目されている。ただし、夜は人通りが少ない場所もあるのでタクシーなどを利用したい。

大型コンベンション・センターもありビジネスマンも多い

中国みやげの店が軒を連ねる

2 ケーブルカー乗車場
Cable Car Stop -
California St. & Market St. MAP 別冊P17D1

比較的空いている穴場

カリフォルニア線の乗り場はマーケット・ストリートとカリフォルニア・ストリートの角に。ここでは車両は転回せずに単純に折り返す方式。

DATA ミュニメトロ、バートEMBARCADERO駅から徒歩1分 7～23時 なし

カリフォルニア線の車両は両方向に進める構造

3 チャイナタウン
Chinatown MAP 別冊P16B1

世界最大規模の中国人街

グラント・アベニューで途中下車し、活気あるチャイナタウンを歩いてみよう。通りの両側には漢字の看板を掲げたショップやレストランがびっしりと並ぶ。

DATA ケーブルカー・カリフォルニア線CALIFORNIA ST.& GRANT AVE.、ミュニメトロ線CHIMATOWN-ROSE PAKからすぐ

おすすめSPOT

ハウス・オブ・ディムサム
House of Dim Sum MAP 別冊P16B1

餃子やシュウマイなど、定番の点心メニューを手軽に味わえる。テイクアウトも。

DATA ケーブルカー・カリフォルニア線CALIFORNIA ST.& GRANT AVE.から徒歩8分 735 Jackson St. (415) 399-0888 6時45分～18時 なし

1品$3.50～とリーズナブル

迎賓閣
Great Eastern Restaurant MAP 別冊P16B1

豊富なアラカルトメニューのほか70種以上の点心が人気の中国料理店。

DATA ケーブルカー・カリフォルニア線CALIFORNIA ST.& GRANT AVE.から徒歩8分 649 Jackson St. (415) 986-2500 10～21時 火曜

点心や飲茶は一皿$8.50～

4 グレース大聖堂
Grace Cathedral MAP 別冊P16A2

丘の上に立つ大聖堂

地震で倒壊した19世紀中ごろの教会が前身。現在の建物はプロテスタント系の大聖堂として1964年に再建されたもの。ゴシックの手法が取り入れられた荘厳な内部も見学できる。

DATA ケーブルカー・カリフォルニア線CALIFORNIA ST.& TAYLOR ST.からすぐ 1100 California St. (415) 749-6300 10～17時(日曜13時～) なし セルフガイド$12、ガイドツアー$20

入口右手の祭壇画はエイズ撲滅を願ったキース・ヘリングが手がけたもの。作品完成の2週間後にエイズによりこの世を去った

高い天井の身廊、イベント時には装飾される

ファサードはパリのノートルダム大聖堂を模したもの

5 ユニオン・スクエア
Union Square MAP 別冊P16B3

ビルに囲まれた憩いの広場

ダウンタウンの中心にある広場。周辺にはブランドショップやデパート、レストランなどが集まりいつも賑やか。ホテルも多く、観光の拠点にもなっている。

DATA ケーブルカー・パウエル＆ハイド(パウエル＆メイソン)線POWELL ST.& POST ST.からすぐ

1ブロックの小さな広場

広場中央に立つのは19世紀に起きた米西戦争の戦勝記念塔

北西の角に置かれたハートのオブジェ

おすすめSPOT

ジャンバ・ジュース
Jamba Juice MAP 別冊P16B3

カリフォルニア発、生の果物を使ったスムージーのチェーン店。

DATA ユニオン・スクエアから徒歩3分 152 Kearny St. (415) 616-9949 7～19時(土曜日17時、日曜10～16時) なし 豊富なフレーバーのスムージーはスモール$8.29～

気分爽快♪ベイサイドクルーズ

ゴールデン・ゲート・ブリッジ
GGBをサイクリング

天気がいい日はサイクリングがおすすめ。SFを象徴するランドマークGGBと対岸の小さな港町サウサリートとを組み合わせて、ご機嫌な休日を過ごしてみよう。

フォート・ポイントから見た
ゴールデン・ゲート・ブリッジ

1 フィッシャーマンズ・ワーフ
Fisherman's Wharf

MAP 別冊P14B1～15C1

フィッシャーマンズ・ワーフのレンタルバイクショップからスタート。変速機付きのシティサイクルが多く、体のサイズに合ったものを選んでくれる。予約しておくと確実だが、ハイシーズンでない限り当日でも借りられる。

自転車の借り方

借りる際にはパスポートなどの身分証明書とデポジット用のクレジットカードが必要。機種を選んだら、ブレーキ、変速機の使い方を確認。時間外の返却がOKのショップもある。

ルール＆マナー

通行帯：車道では右側通行。自転車と共用の歩道では通行帯の表示に従う　ヘルメット：義務ではないが安全のために装着したい　急坂：上り坂でふらつくようなら押して歩く。下り坂はスピードの出し過ぎに注意　荷物：できるだけコンパクトに　服装：ウインドブレーカーがあると便利

ブレイジング・サドルズ
Blazing Saddles

MAP 別冊P18B2

DATA 交ケーブルカー・パウエル＆ハイド線HYDE ST.＆ BEACH ST.から徒歩1分　住2715 Hyde St.　☎(415) 202-8888　時8～22時（土・日曜は～22時30分）　休なし　料1日$36（オンライン割引$28.80）～

【 サイクリング ROUTE 】

1 フィッシャーマンズ・ワーフ
↓ 約15分
2 フォート・メイソン
↓ 約15分
3 クリッシー・フィールド
↓ 約20分
4 ウォーミング・ハット
↓ 約10分
5 フォート・ポイント
↓ 約10分
6 ゴールデン・ゲート・ブリッジ
↓ 約5分
7 ヴィスタ・ポイント
↓ 約20分
8 サウサリート
↓ 約1分
9 サウサリート・フェリー・ターミナル
↓ フェリー（ブルー＆ゴールド・フリート）で30分
10 ピア41

自転車道
航路

N

8 サウサリート
9 サウサリート・フェリー・ターミナル
7 ヴィスタ・ポイント
6 ゴールデン・ゲート・ブリッジ
アルカトラズ島
5 フォート・ポイント
4 ウォーミング・ハット
プレシディオ
3 クリッシー・フィールド
10 ピア41
ピア39
フェリー・ビルディング
2 フォート・メイソン
1 フィッシャーマンズ・ワーフ

旧倉庫街の向こうに
小さくGGBの姿が

２ フォート・メイソン
Fort Mason

MAP 別冊P18A2

かつての軍事施設跡

海沿いに進むと最初にある公園。以前倉庫だった建物が演劇場やレストランなどの施設として利用されている。最初に遭遇する急坂を上りきると遠くにGGBの姿が見えてテンションアップ！

坂を下りヨットハーバーの脇を走る

最初の難関がここ。変速機の操作は坂を上り始める前に再確認しておこう

３ クリッシー・フィールド
Crissy Field

MAP 別冊P14A1

ビーチ沿いを爽快に走る

以前は軍用飛行場だった場所にある緑の公園。芝生の広場やビーチなどがあり、市民の憩いの場になっている。自転車道や歩道も整備されているので快適。

全長6.4kmのプロムナード

ビーチ沿いの自転車道。未舗装区間もある

公園の入口。休日はピクニックを楽しむ人で賑わう

４ ウォーミング・ハット
Warming Hut

MAP 別冊P13A2

GGBを真近に見ながら小休止

クリッシー・フィールドの西の端にある休憩スポット。ギフトショップとカフェがあるので、ひと休みにもぴったり。GGBがかなり近くに見え、随分近づいたことが実感できる。

GGBが目の前に迫る

Warming Hut

ショップ＆カフェ。外にテーブル席もある

５ フォート・ポイント
Fort Point

MAP 別冊P13A2

ナイスビューな要塞跡地

19世紀中ごろに建てられた要塞跡地。かつては「西海岸のジブラルタル」とよばれ、サンフランシスコ湾防御の要として機能していた。週末には内部を公開している。

DATA 📞(415)561-4959 ⏰10〜17時
休火・水曜 料無料

要塞内部からの迫力ある眺望

橋の真下にはレンガ造りの建物が

橋の真下から橋脚越しに対岸を見る

P96へ
続く→

GGBをサイクリング →P95から

ゴールデン・ゲート・ブリッジを渡る

このコースのハイライトでもあるGGB。フォート・ポイントから橋の入口まではかなりの上り坂なので、無理せず自分のペースでゆっくり上ろう。橋の通行帯はかなり狭いので走行には十分に注意を。

週末は橋の左（西）側を走る

時間帯によって右と左に通行が分かれる

平日は15時30分〜21時の間のみ左（西側）の通行も可能。週末と祝日は21時〜翌5時のみ右（東側）で、日中は両サイド通行可能（3〜11月の冬季は平日15時30分〜18時30分が左で、それ以外の時間帯は右。週末と祝日は5時〜18時30分が左、18時30分〜翌5時が右）。歩行者は日中は右のみ通行可能（時間は季節により異なる）。

週末は橋をくぐって西側に出る

橋脚がダイナミック！

橋への入口。左右から来る自転車に注意

渡る直前に立ち寄ろう！

橋の南端にあるビジター・プラザ（MAP●別冊P13A2）は路線バスも発着する人気のビュースポット。カフェやギフトショップもあるが、少し回り道になるが、ぜひ立ち寄っておきたい。

ビジター・プラザから見たGGBの絶景

GGBのフォトスタンド$25.95

開通記念の入場チケットを模した絵はがき$1

ゴールデン・ゲート・ブリッジ
Golden Gate Bridge

MAP 別冊P13A2

鮮やかなランドマーク

1937年5月27日に開通した朱塗りの橋。サンフランシスコ湾の入口に架かり、1964年までは世界一の吊橋として知られていた。アール・デコの端正な姿は写真の被写体としても人気で、晴れた日はもちろん、しばしば発生する霧に浮かぶ幻想的な姿も美しい。橋の両側にいくつもビュースポットがあり、時間帯などによってさまざまな表情を見せてくれる。

DATA ⊠ビジター・プラザ：ミュニバス 28 番 GOLDEN GATE BR. PARKING LOTからすぐ ☎(415)921-5858 圏歩行者、自転車は無料。通行料の詳細は右記ウェブサイトを参照。 ■goldengate.org/

ケーブルの直径は92.4cm。実物大模型がビジター・プラザに展示

Joseph Strauss

ジョセフ・シュトラウス
Joseph Strauss 1870-1938

多くの吊橋を手がけた実績を買われGGB建設のチーフエンジニアに。専門家たちの助けを得て、過去に例を見ない長さや速い海流などのさまざまな困難を克服し完成にこぎつけたが、開通の翌年に他界した。ビジター・プラザに像が立つ。

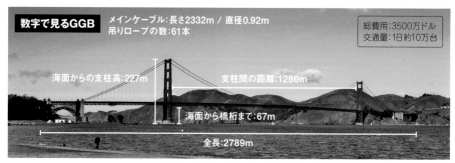

数字で見るGGB

メインケーブル：長さ2332m ／ 直径0.92m
吊りロープの数：61本

総費用：3500万ドル
交通量：1日約10万台

海面からの支柱高：227m

支柱間の距離：1280m

海面から橋桁まで：67m

全長：2789m

SF名物の霧がかかったブリッジ

7 ヴィスタ・ポイント
Vista Point MAP 別冊P13A2

橋と街並みを一望

対岸に渡ったすぐ先にある人気の眺望スポット。午前中は逆光になってしまうが、橋とSF市街を同時に見ることができる。トイレもあるので自転車を降りてひと休みしよう。

週末に西側の歩道を渡った先から見るとこんな感じ

Attention!

週末にヴィスタ・ポイントに行くには？

橋の右（東）側にあるヴィスタ・ポイントは週末には立ち寄れない。ただし、橋を渡った先にある階段を自転車を担いで降り、橋をくぐればアクセスできる。

8 サウサリート
Sausalito MAP 別冊P13A1

シーサイドビレッジを散策

SF市街の対岸にある小さな港町。フェリー乗り場の周辺にショップやレストランが集まり、週末は多くの人で賑わう。フェリー乗り場の駐輪場を利用しよう。

目抜き通りのブリッジウェイ

対岸にSF市街が一望

駐輪場ではしっかりと施錠しよう。似た自転車ばかりなので自分の自転車を覚えておこう

おすすめSPOT

ヴェニス・グルメ
Venice Gourmet MAP P97

手作りサンドが充実

チーズやワインなどの物菜のほか、手作りのサンドイッチも評判。ターキー入りなど種類も豊富。

種類豊富なサンドイッチは$10.95〜

DATA 🚶フェリー乗り場から徒歩4分 🏠625 Bridgeway ☎(415) 332-3544 🕐9〜18時（土・日曜は〜18時30分） 休なし

★ ★ ★ ★ ★ ★ ★ ★ ★ ★ ★ ★ ★ ★ ★

ドライバーズ・マーケット
Driver's Market MAP P97

オーガニックスーパーでお手軽ランチ

安心安全なアイテムが揃うスーパー。デリコーナーでは朝食メニューやサンドイッチ、サラダなどを提供。

サンドイッチ$14〜

DATA 🚶フェリー乗り場から徒歩12分 🏠200 Caledonia St. ☎(415) 729-9582 🕐8時〜20時30分 休なし

★ ★ ★ ★ ★ ★ ★ ★ ★ ★ ★ ★ ★ ★ ★

ラパーツ・アイスクリーム
Lappert's Ice Cream MAP P97

アイスクリームでリフレッシュ

色とりどりでさまざまなフレーバーが揃うアイスのほか、ホットファッジ・サンデー$6.15なども人気。

アイスクリームは1スクープ$6.95

DATA 🚶フェリー乗り場から徒歩3分 🏠689 Bridgeway ☎(415) 331-3035 🕐9〜21時（金・土曜は〜22時） 休なし

ドライバーズ・マーケット
サウサリート

（地図内表記）
Tornery St.
サウサリート・ヨットハーバー
スピンネイカー
ガブリエルソン・パーク
Bulkley Ave.
Bridgeway
サウサリート・フェリー・ターミナル
San Carlos Ave.
Santa Rosa Ave.
ラパーツ・アイスクリーム
ヴェニス・グルメ
スコマッズ
N 0 200m

9 サウサリート・フェリー・ターミナル
Sousalito Ferry Terminal MAP P97

帰路は自転車ごとフェリーを利用。本数は多くないので事前に出港時刻を調べておこう。出港時刻の15分くらい前までに自転車専用の乗り場に着くように。

帰路はフェリーで

DATA 🏠Sausalito Ferry Terminal ☎(415) 705-8200 🕐下記サイトなどで確認を 休なし 💰$14.25（ピア41まで）🌐www.blueandgoldfleet.com

ハミダシ情報
帰路のフェリーは時間帯によってはゴールデンゲートフェリーのフェリー・ビルディング行きに乗船したほうが早い場合もある。詳細は🌐goldengateferry.org/で確認を

10 ピア41
MAP 別冊P19C1
Pier 41

フィッシャーマンズ・ワーフ＆アルカトラズ島
ベイサイドの人気BEST3

フィッシャーマンズ・ワーフ周辺はショップやレストランが集まる一大観光エリア。
なかでもぜひ訪れたい人気スポットベスト3はこちら。

BEST1 ピア39
Pier 39　**MAP** 別冊P19D1

潮風香るショッピングモール

海に突き出た桟橋を利用した開放的なショッピングモール。2階建ての建物に100軒あまりの個性的なショップやレストランが入り、多くの人で賑わっている。

DATA ミュニメトロF線THE EMBARCADERO & STOCKTON ST.から徒歩1分　Beach St. & The Embarcadero　(415)705-5500　10～21時（店舗により異なる）　なし

板張りのデッキを囲むように建物が並ぶ

アシカはピア39のマスコット的存在

＼ 必見SPOT ／

シーライオン・ドック
Sea Lion Dock　**MAP** P98

無数のアシカがのんびりお昼寝

ピア39の先端付近にあるアシカのパラダイス。海に浮かぶデッキの上におびただしい数のアシカたちが寝そべり、日向ぼっこを楽しんでいる。泳いだりじゃれ合ったりする姿もかわいらしい。

DATA K-Dock

冬には900頭近くのアシカが集まる

メリーゴーラウンド
San Francisco Carousel　**MAP** P98

ライトアップもキレイ

桟橋の先端付近に置かれたイタリア製のメリーゴーラウンド。華麗に彩色された手作りの動物たちは全部で32体。夜には1800ものLEDに光が灯り、美しい姿が鮮やかに浮かび上がる。

DATA 1F　11～20時　なし　$7

SFのランドマークが描かれている

アクアリウム・オブ・ザ・ベイ
Aquarium of the Bay　**MAP** P98

迫力の海底トンネルは必見

サンフランシスコ湾に生息する生き物などを展示する水族館。なかでもサメやエイが泳ぐ姿を間近に見られる海底トンネルが人気。サメのエサやりタイムなどのアトラクションも楽しい。

DATA 2 Beach St.　(415)623-5300　11～18時　なし　$31.75

頭上をサメが泳ぐ海底トンネル

ベイサイドからひと足延ばして

コイト・タワー
Coit Tower　MAP 別冊P15C1

展望台からSFを一望
テレグラフ・ヒルの丘に立つ高さ64mのスリムな塔。レトロなエレベーターで展望台に上れば360度の眺望を楽しめる。

DATA ミュニバス39番 COIT TOWER PARKING LOTからすぐ 1 Telegraph Hill Blvd. (415) 249-0995 10〜18時(11〜3月は〜17時) 休なし $10

1933年に完成したレトロなタワーから街を一望（上）、夜景も美しい（右）

\ ひと休みSPOT /

クレープ・カフェ
The Crêpe Café　MAP P98

ボリュームのあるフレッシュクレープ
フランスの秘伝レシピで作られたバターが決め手のクレープ店。チーズやハムなどが入る甘くないクレープもあり、ひと休みに最適。

イートインスペースもある

DATA D-1F (415) 318-1494 10〜21時 休なし

マシュマロ、チョコ、グラハムクラッカーが入ったクレープ$8.95

ボウディン・ベーカリー・カフェ
Boudin Bakery Cafe　MAP P98

SF名物サワドー・ブレッド
重曹を使って焼き上げた伝統のサワドー・ブレッドはもちもちした食感と酸味が特徴。朝食やランチメニューもいろいろ揃う。

1849年創業の老舗ベーカリー

DATA Q-1F (415) 421-0185 9時30分〜22時 休なし

clam chowder

サワドー・ブレッド・ボウルに盛り付けたクラムチャウダー$11.99

\ おかいものSPOT /

マグネット
Magnets　MAP P98

入口にまでマグネットがいっぱい
マグネット専門店。サンフランシスコの風景を描いた定番モノからドーナツやホットドッグをかたどった立体マグネットまで、選ぶのに迷ってしまう。

DATA G-1F (415)956-6012 10〜21時 休なし

種類豊富なマグネットのなかからお気に入りを探そう

シェル・セラー
The Shell Cellar　MAP P98

キュートなアイテムがずらり
貝殻で作ったインテリア小物やアクセサリーなどを扱う。アクセサリーはファッションアイテムとしても活躍してくれそう。貝殻は単品で$3くらいから。

DATA P-1F (415) 433-3285 10〜21時 休なし

世界中からユニークな貝殻を取り揃えている

シーフード屋台

Seafood Stand MAP 別冊P19C1

新鮮シーフードをつまみ食い

名物ダンジネス・クラブやロブスターなど、シーフードの屋台が10軒ほど集まった屋台村。ボイルやフライ、サラダなど、新鮮なシーフードメニューを手軽に味わうことができる。テーブルと椅子もあり、昼前から夜まで営業。

DATA ⊠ミュニメトロF線JEFFERSON ST.& POWELL ST.から徒歩1分 🏠店舗により異なる 🏠なし

フィッシャーマンズ・ワーフのシンボル、カニの看板の脇にある

Sabella & LaTorr

どの店も大きなメニューを掲げているのでオーダーしやすい

Crab
さまざまな素材をその場で調理

SEAFOOD **イチオシ！屋台グルメ**

$時価

HOT

ボイルド・ダンジネス・クラブ
Boiled Dungeness Crab
定番のダンジネス・クラブは冬が旬。ゆでたてを食べやすいように殻を割って提供してくれる

$15前後

$11.99〜

クラムチャウダー
Clam Chowder in Bread Bowl
伝統のサワドー・ブレッドをくりぬいて濃厚なクラムチャウダーを詰めたもの。ボリュームたっぷり

フィッシュ＆チップス
Fish & Chips
さっくりと揚げた白身魚のフライとポテトのコンビは揚げたてアツアツを楽しもう。エビやカラマリ、オイスターバージョンもある

BOILED ◀──────────────▶ **FRIED**

$30.00

カラマリ・カクテル
Calamari Cocktail
新鮮なイカをマリネしたカクテルは酸味と香辛料が効いている。ほかにフリットでも食べられる

$11.00

RAW

ハーフ・ロブスター
&シュリンプ
1/2 Lobster & Boiled Shrimp
ロブスターの半身とゆでた小エビの豪華なセット。レモンやソースはお好みで

$12.75

ハーフシェル・オイスター
1/2 Shell Oysters
殻を割っただけの新鮮なオイスター。プリプリの身にレモンをたっぷり絞ってめしあがれ

COLD

BEST 3 アルカトラズ島
Alcatraz Island

 MAP 別冊P13B2

サンフランシスコ湾に浮かぶ監獄跡

脱出不可能な監獄として恐れられた連邦刑務所があった島。島内には刑務所をはじめとする付属施設の建物が残り、博物館として一般に公開されている。

市街から2.4kmの沖合に浮かぶ

アルカトラズ・クルーズ
Alcatraz Cruise

MAP 別冊P19D2

DATA 🚊ミュニメトロF線THE EMBARCADERO & BAY ST.から徒歩3分　🏠Pier 33　📞(415) 981-7625　🕐8時40分〜15時50分、17時55分〜18時30分　🈳なし　💰デイツアー＄45.25〜、ナイトツアー＄56.30〜　🌐www.cityexperiences.com/ja/san-francisco/city-cruises/alcatraz　※夏季や週末は混雑必至のため、要事前予約

ACCESS

島へはピア33（MAP●別冊P19D2）から発着するアルカトラズ・クルーズのツアーでのみ上陸できる。島へは15分ほどで到着。所要3時間ほど見ておきたい。往路のみ予約が必要で、現地チケットオフィスや上記ウェブサイトで予約できる。

アルカトラズの歴史

18世紀に発見されスペイン語で「ペリカン」を意味するアルカトラズ島と命名。19世紀半ばには要塞として利用されていた。軍事刑務所を経て1934年から連邦刑務所となり、1963年に財政的な問題のために閉鎖された。1973年から国立公園事務局の運営により一般開放され、現在は年間150万人以上が訪れる一大観光地。

連邦刑務所時代はアル・カポネなど凶悪犯罪者が収容されていた

刑務所長邸
Warden's House
代々の刑務所長が暮らした建物。閉鎖後の1970年に火災により焼失し壁だけが残る

灯台
Lighthouse
1909年に再建された高さ約25mの灯台。現在も船の目印として機能している

セルハウス（牢獄）
Cellhouse
600人を収容できる牢獄。1912年の完成当初は世界最大規模のコンクリート建築として知られていた。AからDの4つのブロックに規則正しく牢獄が並ぶ。

牢獄の中央通路は「ブロードウェイ」と名付けられていた

閉鎖当時の牢獄内の様子を再現

練兵場
Parade Ground
島の東側に広がる広場。野生動物保護区に指定されており立入禁止

郵便物引渡所／刑務所官吏クラブ
Post Exchange/Officer's Club

当初は郵便物の受け渡し場所として、連邦刑務所時代は職員のレクリエーション施設として使われていた

陸軍チャペル
Military Chapel

1920年に建てられた将校の独身寮。外観デザインからチャペルとよばれている

埠頭
Dock

1854年に完成した埠頭でピア33からのフェリーもここに発着。正面の建物はかつての陸軍兵舎

監視塔
Guard Tower
刑務所時代は島を囲むように6つの監視塔が設置されていた。現在は1つのみ残っている

衛兵所と出撃口
Guardhouse & Sally Port

要塞建築が始まった1857年に建てられた島内最古の建築物。上陸する敵の防衛線だった

アカデミックな休日

ミュージアムでアート鑑賞

市内近郊に広がる公園にはミュージアムが点在している。
ほんの少しだけ足を延ばして、アートな一日を満喫してみよう。

ウォルト・ディズニー・ファミリー・ミュージアム
The Walt Disney Family Museum
MAP 別冊P14A1　エリア プレシディオ

プレシディオの一角にある。建物は軍の施設だったもの

夢いっぱいのディズニーの歴史をお勉強

ミッキーマウスの生みの親、ウォルト・ディズニーの生涯を伝えるミュージアム。彼が描いた原画や家族写真などを交え、キャラクター誕生の歴史や背景などを解説。クリエイターや実業家としてのウォルトの魅力を再発見できる。

DATA 🚌ダウンタウンからプレシディゴー・シャトルでPRESIDIO TRANSIT CENTRE下車、徒歩3分　🏠104 Montgomery St.　☎(415)345-6800　🕙10時～17時30分（入館は～16時30分）　🈺月～水曜　💰$25（オーディオガイド含む）　🌐www.waltdisney.org

ウォルト・ディズニーはこんな人

1901年にシカゴで生まれ、19歳で初のアニメーション作品を制作。1923年には兄のロイとロサンゼルスにアニメーション会社を設立した。以来、数々のアニメ映画などを手がけ、ディズニーランドを建設。1966年死去。

館内のみどころ

10のギャラリーに分かれており、ウォルトの幼少期から晩年まで年代順にたどることができる。写真や映像など貴重な資料が満載。

Gallery2 ハリウッド時代

1923～28年にかけて、ハリウッドでアニメーターとして活躍したころの資料を展示。世界初のトーキーアニメーション映画『蒸気船ウィリー』のセル画や最初に描かれたミッキーの原画は必見。

最初に描かれたミッキーの原画

ハリウッドの時代の写真パネル

Gallery5 名作が次々に誕生

大ヒットを収めた『白雪姫』を皮切りに『バンビ』や『ピノキオ』などを次々に発表。当時の映像や原画のほか、オリジナルのマルチプレーンカメラの写真などが展示される。

『ピノキオ』を制作したアニメーターデスク

1940年前後の名作が生まれた背景を解説

Gallery9 ウォルト最晩年の業績

晩年のウォルトはディズニーランドの開園や、実写映画『メアリーポピンズ』のアカデミー賞受賞など、さまざまな分野で活躍。1950年代以降15年間の業績を解説している。

空間を利用した近未来的な演出

自宅の周りで走らせていたウォルト手作りの列車リリーベル号

おみやげをCheck!

見学コースの最後にはショップがあり、さまざまなディズニー関連グッズを販売。

1930年代のデザインによるミッキーのぬいぐるみ

ウォルトの生涯解説本

カリフォルニア科学アカデミー

California Academy of Sciences

MAP 別冊P14A4

エリア リッチモンド

エコなミュージアムとして注目

水族館や熱帯雨林温室、プラネタリウムなどが集まった大型施設。環境に優しいハイテク技術が施されていることで知られている。さまざまなプログラムがあるので3時間ぐらいはみておきたい。

DATA ⊠ミュニバス7・44番9TH AVE. & LINCOLN WAYから徒歩8分 住55 Music Concourse Dr. ☎(415)379-8000 時9時30分～17時(日曜11時～、木曜は21歳以上限定で18～22時の入館も可) 休なし 料$39.25～(曜日・時間により異なる、夜は$21.25) URLwww.calacademy.org

館内中央のガラスドームは熱帯雨林のパビリオン

水族館ではカラフルな熱帯魚が泳ぐ

屋根には植物が茂り「リビング・ルーフ」とよばれる。設計はレンゾー・ピアノ

Experience of the earthquake

地震コーナーでは1907年の大地震を体感できる

デ・ヤング美術館

DeYoung Museum

MAP 別冊P14A4

エリア リッチモンド

膨大なアメリカ美術作品が集結

1670年代以降のアメリカ美術作品をはじめ、世界の現代美術やテキスタイルなど2万5000点以上の作品を所蔵。ジョージア・オキーフなど20世紀のアメリカ美術のコーナーは必見。

DATA ⊠ミュニバス5番FULTON ST. & 8TH AVE.から徒歩5分 住50 Hagiwara Tea Garden ☎(415)750-3600 時9時30分～17時15分 休月曜 料$20～ URLwww.famsf.org

エントランス周辺には彫刻が置かれる

ネイティブアメリカンのアートも豊富

眺めのよいカフェではパスタなどの食事も提供

眺望抜群の9階の展望室

Unique Design!

スイスの建築家、ヘルツォーム＆ド・ムーロンによる奇抜なデザイン

リージョン・オブ・オナー美術館

Legion of Honor

MAP 別冊P13A3

エリア リッチモンド

ヨーロピアンアートの殿堂

フランスをはじめとするヨーロッパ芸術を収蔵。ロダンの彫刻や印象派の作品も多い。リンカーン・パークの高台に立ち、ゴールデン・ゲート・ブリッジを見下ろす眺望も抜群。

パリのレジオン・ド・ヌール美術館を模した重厚な建物

DATA ⊠ミュニバス18番LEGION OF HONORから徒歩1分 住100 34th Ave. ☎(415)750-3600 時9時30分～17時15分 休月曜 料$20～(第1火曜は一般入場料が無料) URLwww.famsf.org

Beautiful!

明るい彫刻展示室

14～20世紀にかけてのヨーロッパ絵画を250点ほど展示

As to DeYoung Museum & Legion of Honor photos,©Fine Arts Museums of San Francisco

海の幸に舌鼓
必食! シーフード・レストラン

海の街SFで絶対に外せないのがシーフード。ダンジネス・クラブやロブスターなど、
新鮮な魚介類を試すなら、シーフードで定評のあるお店へ。

ホグ・アイランド・オイスター・カンパニー
Hog Island Oyster Company

MAP 別冊P17D1　　エリア ノース・ビーチ

オイスターを食べるならココ

カリフォルニア産を中心に常時6種類ほどが揃う生ガキや焼きガキなど、オイスターのメニューが豊富。ドリンクバー、オイスターバーが設置され、カクテルとの組み合わせも楽しい。

チャウダー$18も人気

DATA ミュニメトロF線 THE EMBARCADERO & FERRY BUILDING から徒歩1分 1 Ferry Building (415)391-7117 11～20時 なし

テラス席からはベイ・ブリッジが見える

手慣れた手つきでカキをむくスタッフ　生ガキは1ダース$42

★☆★

クラステイシャン
Crustacean　MAP 別冊P15C2　エリア ユニオン・スクエア

アジアンテイストの絶品シーフード

カニ料理が評判のレストラン。ベトナム王朝料理にフレンチのエッセンスを加えた料理が特徴で、生春巻やベトナム風カルパッチョなどがメニューに並ぶ。一番人気のカニのローストのほか、店のスペシャリテ、ガーリックヌードルもぜひ。

DATA ケーブルカー・カリフォルニア線CALIFORNIA ST. & POLK ST.からすぐ 1475 Polk St. (415)776-2722 16時45分～20時15分 月曜

カニのローストはダンジネス・クラブをまるごとガーリックのソースでローストした一品

大きなシュリンプがのったガーリックヌードル$42。にんにく風味がたまらない

ベトナム風インテリアで統一された店内

SFの名物料理

シーフードのなかでも特にSFらしいのはクラムチャウダーとダンジネス・クラブ。シーフード屋台をはじめ、どのレストランのメニューにも必ずあるので、食べ比べてみよう。

『ここで食べよう！』
シーフード屋台 →P100
ボウディン・ベーカリー・カフェ→P99

クラムチャウダー
もっちりした食感と酸味が特徴のサワドー・ブレッドをくりぬき、そこに注ぐのがSF流

ダンジネス・クラブ
ワタリガニの仲間で漁期は11月中旬から6月にかけて。この時期のSFの必食アイテム

ウォーターバー
Waterbar

MAP 別冊P15D2　エリア フォルソム

開放的な空間で
味わうシーフード

各地から取り寄せた新鮮なシーフードを巧みに調理。2本の柱状の水槽が置かれた吹き抜けの店内は開放感抜群で、落ち着いた雰囲気のなか食事を楽しめる。

DATA 交ミュニメトロN線 THE EMBARCADERO & FOLSOM ST. から徒歩1分　住399 The Embarcadero　☎(415) 284-9922　営11時30分〜21時（金・土曜は〜21時15分）休なし

シンプルな味付けの前菜$14〜28

岩塩にのったビンチョウマグロの刺身などメイン$38〜68は日により食材が異なる

一面ガラス張りで開放感抜群

ベイ・ブリッジのたもとにある

スコマズ
Scoma's

MAP 別冊P18B1　エリア フィッシャーマンズ・ワーフ

埠頭に立つ一軒家レストラン

フィッシャーマンズ・ワーフの桟橋の中ほどにある老舗。メニューが豊富で、さまざまな調理法でシーフードを楽しむことができる。観光客はもちろん地元客の利用も多い。

DATA 交ミュニメトロF線JEFFERSON ST.& TAYLOR ST. から徒歩3分　住Pier 47 on Al Scoma Way　☎(415)771-4383　営11時30分〜21時（バーは11時〜）休なし

生ガキやダンジネス・クラブなど冷製前菜は各種＄19〜
※写真はイメージ

シーフードはおまかせ！

料理選びに迷ったらスタッフに尋ねてみよう

人気メニューのミックス・シーフード・グリル

人気店なので予約が確実

体の中からヘルシー＆ビューティ

洗練! カリフォルニア・キュイジーヌ

ヘルス・コンシャスなSFでは、体にやさしい料理が人気。素材にこだわった
軽い仕上がりのカリフォルニア料理を楽しめるのはこの4軒。

2階のカフェではランチ、ディナーともにアラカルトを楽しめる。1階のレストランは日替わりのコースディナーのみ

開店間際の忙しいキッチン。この店で働くことは料理人にとって名誉なこと

「カフェ」のランチメニュー例

チキンのグリル、オニオンフライとブロッコリー添え$26
シンプルに焼き上げたチキンの濃厚なうま味が絶品

ビーツのマリネとカリフラワーのサラダ$21
レモンビネガーの酸味が効いたさっぱりしたサラダ

リンゴとベリーのガレットバニラアイス添え$12
シャキっとした甘さとバニラの風味が絶妙に絡み合う

「レストラン」のディナーメニュー

レストランのメニューは、4コースの1種類のみ。日替わりでメニューの
内容は変わる。以下はある日曜のメニュー内容の一例
・アペリティフ
・ハーブとポークのテリーヌ、クレソンとニンジンピクルス添え
・マッシュルームと西洋ネギの包み焼きタイムバター風味
・ラムチョップのグリル、タプナードとアーティチョーク添え
・リンゴのガレット、カルバドスのアイスクリーム添え

サンフランシスコの食材を堪能してください

レストランが集まるシャタック・アベニューにある

シェ・パニース
Chez Panisse Restaurant and Cafe

MAP 別冊P19C3 **エリア** バークレー

元祖カリフォルニア料理店

1971年にシェフ、アリス・ウォータースが
創業。オーガニックや健康にこだわった
素材のみを使用した料理は瞬く間に評
判になり、以来カリフォルニア料理の草
分けとして、世界にその名を轟かせてい
る。予約を取りにくい店としても有名だ
が、SFに行くなら一度は訪れてみたい。

DATA バート DOWNTOWN BERKELEY 駅か
ら徒歩15分 1517 Shattuck Ave. Berkeley
カフェ(510)548-5049 レストラン(510)548-
5525 カフェ：11時30分〜14時30分、17〜
22時 レストラン：17時30分〜と20時〜の2回
日・月曜

アリス・ウォータース
Alice Waters

シェ・パニースのオーナーシェフ、作家。
「地産地消」を提唱し世界初のオーガ
ニック・レストラン、シェ・パニースで実
践。全米に「美食の革命」を起こし、カ
リフォルニア料理の創設者として名を馳
せた。シェフとして数々の賞を受賞し、
料理哲学を表現した著書も多数。

予約の方法

下記シェ・パニースの公式サイトからレストラン
予約サイトRESYを通じて予約が可能。予約は1カ
月前から受け付けているので、予定が決まったら
早めに予約するのが◎。レストランは4コース
$175（税別）のみ。
www.chezpanisse.com/1/restaurantreservations

オーガニック料理のバイ
ブルともいえるレシピ集
『Art of Simple Food』と
その第2弾。いずれもレ
ストランで販売。各$35

グリーンズ
Greens

MAP 別冊P18A2 **エリア** フィッシャーマンズ・ワーフ

野菜本来の味を堪能

SFのベジタリアン＆オーガニック・レストランの牽引役。地元の契約農家から仕入れる素材を使った料理は、野菜だけとは思えないほどしっかりした食べごたえ。ベジタリアンでなくても楽しめる。

DATA 🚌ミュニバス43番 MARINA BLVD.＆ LAGUNA ST.から徒歩1分 🏠Fort Mason, Building A 📞(415)771-6222 🕐11時30分～14時30分（土・日曜10時30分～）、17時30分～21時（金～日曜17時～） 🏠月曜

海に面したロケーション。大きなガラス窓の向こうにGGBを遠望できる

スプリング・サンプラー$18
春の味覚がたっぷりの前菜の一例。素材によってメニューを決めるため料理はほぼ日替わり。予算は1人$75～

1985年からエグゼクティブ・シェフを務めるアニー・サマービルさん

I am a Chef!

カサヴァ
Cassava

MAP 別冊P15C1 **エリア** ノース・ビーチ

モダンカリフォルニア料理を楽しむ

赤坂菊乃井やビバリーヒルズホテルなどで経験を積んだカリフォルニア料理のシェフによるレストラン。ラムと鴨、地元の野菜と海鮮を使った料理を得意とする。

DATA 🚌ミュニバス30・45・91番 STOCKTON ST.＆COLUMBUS AVE.から徒歩1分 📞(415)640-8990 🕐17～21時 🏠火曜 ※要予約

地元産ワタリガニにカニみそソースと半熟の黄身を合わせたリガトーニのパスタ

3品コース$52
ワインのペアリング$28
メニューは月ごとに替わり、アラカルトからも選べる

テーブル席とカウンターがある

フォーリン・シネマ
Foreign Cinema

MAP 別冊P20B4 **エリア** ミッション

映画鑑賞しながら食事できる

レストランに見えない外観だが、オーガニック食材を使ったカジュアルなディナーを楽しみながら映画鑑賞ができる。ソノマ産の卵を使ったフレンチトースト$14など多彩なメニューを用意したブランチも人気。

DATA 🚌ミュニバス14・49番 MISSION ST.＆22ND ST.から徒歩2分 🏠2534 Mission St. 📞(415)648-7600 🕐11～15時（土・日曜のみ）、17～22時（日曜～21時） 🏠なし ※要予約

天井が高いウッディな屋内席。奥はオイスターバー

フライド・エッグのバルサミコソース$17
スライスしたハムやガーリックポテトと一緒に

セサミ・フライド・チキン$30

老舗からニューフェイスまで

カフェ&バーでひと休み

ちょっとした休憩や軽い食事など、気軽に利用できるのがカフェ&バー。
地元でも人気の定番の店はこの4軒。

ブランチが◎

バターミルク・パンケーキ$13.95〜に季節のベリー$4をトッピング。たっぷりのシロップと自家製ジャムを添えて食べよう

細長い店内にテーブル席が並ぶ。開店と同時に満席になる

搾りたてのオレンジジュース。スモール$4.25

ママズ・オン・ワシントン・スクエア

Mama's on Washington Square

MAP 別冊P15C1　**エリア** ノース・ビーチ

行列ができるアメリカンな朝食

オムレツやパンケーキなど、ボリュームたっぷりの朝食やブランチメニューを提供。平日でも開店前から行列ができるほどの人気ぶり。搾りたてのフレッシュジュースもおいしい。

DATA ミュニバス39番STOCKTON ST.& FIBERT ST.から徒歩2分　1701 Stockton St.　(415)362-6421　8〜14時（土・日曜は〜15時）　月曜

スタッフのパティさん

オムレツやフレンチトーストもおいしいよ

パンがおいしい♪

フルーツたっぷりのブリオッシュ・ブレッド・ブディング$10

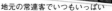

地元の常連客でいつもいっぱい

モーニング・バン$5.75

タルティーヌ・ベーカリー

Tartine Bakery

MAP P111A1／別冊P20A3　**エリア** ミッション

オーガニックなパンが人気

ミッション地区にあるベーカリー・カフェ。オーガニックにこだわったパンとともにドリンクメニューを楽しめる。早朝からオープンしているので朝食スポットとしても最適。

DATA ミュニバス33番18TH ST.& VALENCIA ST.から徒歩1分　600 Guerrero St.　(415)487-2600　8〜17時　なし

Have Fun!

たっぷり飲めるボウルのラテがおすすめよ

バリスタ　リタさん

サード・ウェーブ・コーヒー

19世紀後半以降の薄いアメリカン・コーヒー、1970年代以降のシアトル系コーヒーチェーンのブームに続く第3の波。原料をブレンドしないシングルオリジン、ハンドドリップが特徴で、コーヒー本来の味を楽しめる。SFではこの4軒が特に人気。

MAP 別冊P17D1
エリア ノース・ビーチ

ブルー・ボトル・コーヒー
Blue Bottle Coffee

DATA 図ミュニメトロF線THE EMBARCADERO & FERRY BUILDINGから徒歩1分　個1 Ferry Building, Shop #7　☎(510) 653-3394　働6時30分〜18時30分（ノースアーケード店は9〜16時）　困なし

MAP 別冊P20A2
エリア ミッション

フォー・バレル・コーヒー
Four Barrel Coffee

DATA 図ミュニバス14・49番 MISSION ST.& 14TH ST. から徒歩4分　個375 Valencia St.　☎(415)896-4289　働7〜17時　困なし

MAP P111A2／別冊P20A4
エリア ミッション

リチュアル・コーヒー・ロースターズ
Ritual Coffee Roasters

DATA 図ミュニバス14・49番 MISSION ST.& 20TH ST. から徒歩6分　個1026 Valencia St.　☎(415)641-1011　働7〜19時　困なし

MAP 別冊P15C3
エリア ソーマ

サイトグラス・コーヒー
Sightglass Coffee

DATA 図ミュニバス19・27番 7TH ST.& FOLSOM ST. から徒歩1分　個270 7th St.　☎(415)861-1313　働7〜17時　困なし

起源はアイルランド

ウイスキーが入ったアイリッシュ・コーヒー$15。ホイップクリームを丁寧に注ぐのがポイント

店内はいつも満員

料理も提供。クラブケーキ・エッグ・ベネディクト$25.95

ブエナ・ビスタ・カフェ
Buena Vista Cafe　**MAP** 別冊P18B2
エリア フィッシャーマンズ・ワーフ

一度は試したいオリジナルの味

クリーム入りのアイリッシュ・コーヒーをアメリカに伝えた店。今でも当時のレシピを忠実に守っており、オリジナルの味を求めて連日多くの人で賑わっている。

DATA 図ケーブルカー・パウエル＆ハイド線HYDE ST.& BEACH ST.から徒歩1分　個2765 Hyde St.　☎(415)474-5044　働10〜23時（金曜9〜24時、土曜8〜24時、日曜8時〜、食事の提供は〜21時30分）　困なし

バーテンダーポールさん

多いときには1日3000杯は作っているよ

ボヘミアンな雰囲気

昼でも薄暗い店内、壁一面に絵画が飾られ、独特の雰囲気

のんびりするなら2階席がおすすめ

ブランデーとアマレットが入ったボヘミアン・コーヒー$12などカクテルも豊富

ヴェスヴィオ・カフェ
Vesuvio Café　**MAP** 別冊P15C2
エリア ノース・ビーチ

1950年代の雰囲気が漂う

ビートニク運動の活動拠点の一つだったカフェバー。古びた調度品や壁に飾られたポスターなど、今でも50年代の雰囲気が残る。食事メニューはないが、ランチタイムには食事の持ち込み可能。

DATA 図ミュニバス8・12番 BROADWAY & COLUMBUS AVE. から徒歩2分　個255 Columbus Ave.　☎(415) 362-3370　働11時〜翌1時（金・土曜は〜翌2時）　困なし

絵や文字で彩られた外壁も雰囲気たっぷり

ビートニクって？

1950年代半ばから60年代にかけて、アメリカ文学界で活躍したグループ。物質があふれた生活に見切りをつけ、自らドロップアウトした人たちによるカウンター・カルチャー。若者たちの支持を受け、ヒッピー文化へと発展した。代表作家はジャック・ケルアック、アレン・ギンズバーグなど。

ヴィンテージからコスメまで
個性派ストリートでおかいもの

エリアによってさまざまな表情を見せるSFの街並み。
なかでもショッピングが楽しい3つのエリアの、個性派ストリートをピックアップ。

ミッションエリア MAP 別冊P20A1
Hayes St.
ヘイズ・ストリート

街歩きのポイント

Franklin St.からLaguna St.までがメイン。Hays St.とLaguna St.が交差する地点からアラモ・スクエアまでは徒歩で10分ほど。ミュニバス21番を使うと便利。

スタイリッシュな雰囲気が漂い、若者にも人気

クレアV.
Clare V.
MAP P110B1

人気デザイナー クレア・ヴィヴィエのショップ

ハンドバッグからアクセサリー、アパレルまで幅広い商品が揃う。スタイリッシュさと機能性の両方を備えたバッグが人気。地域貢献にこだわり、コレクションはすべてカリフォルニアで生産されている。カラフルな色使いのトートやクラッチはマストバイ。

DATA ✕ミュニバス21番HAYES ST. & GOUGH ST.から徒歩2分 📍344 Linden St. 📞(415)834-5187 🕐10〜18時(日曜は11時〜) 休なし

おしゃれにレイアウトされた店内にはさまざまな商品が並ぶ。特にバッグの種類が豊富なので要チェック

バックパックなど普段使いからアウトドア、ビジネスシーンまで幅広く使えるバッグが揃う

ティンバックツー
TIMBUK2
MAP P110A1

メイド・イン・SFの機能性抜群バッグ

メッセンジャーバッグの先駆的ブランド初の旗艦店。メッセンジャーバッグから始まり、今ではカラフルな色合いのメンズ、レディス問わず使える多くのバッグを販売している。サイズの種類も豊富。

DATA ✕ミュニバス21番HAYES ST.& GOUGH ST.から徒歩1分 📍506 Hayes St. 📞(415)252-9860 🕐11〜19時(日曜は〜18時) 休なし

カラフルな色合いのバッグも魅力的

ワイズ・サンズ
Wise Sons
MAP P110A1

ベーグルが人気のユダヤ系デリ

日本にも上陸した、2010年創業の本格ベーグルで人気のサンフランシスコ生まれのデリ。伝統的な製法を守ったしっかり歯ごたえのあるベーグルと7時間スモークした自慢のパストラミのコンビはマストトライ。

DATA ✕ミュニバス21番HAYES ST.& GOUGH ST.から徒歩3分 📍537 Octavia St. 📞(415)800-6960 🕐7〜14時 休なし

ベーグル以外にライ麦パンのサンドイッチなどもある。また持ち帰り用ベーグルの販売も

スモークサーモンとクリームチーズのベーグルサンド$13〜

ミエット
Miette
MAP P110A1

種類豊富な手作りスイーツが人気

パステルカラーで統一されたガーリーな雰囲気が特徴のスイーツショップ。甘さ控えめなお菓子は見た目もかわいくクッキーなどはおみやげにも最適。

DATA ✕ミュニバス21番HAYES ST.& GOUGH ST.から徒歩2分 📍449 Octavia St. 📞(415)626-6221 🕐11〜18時 休なし

色も形もキュートなカップケーキは$4

ミッションエリア MAP 別冊P20A3~B4

in Mission

Valencia St.
バレンシア・ストリート

新しいショップが
次々にオープン
する注目エリア

街歩きのポイント🚶

近年、注目を集めるミッション地区の中心が
Valencia St.。南北に細長いエリアなので、
時間があるなら16th St.あたりから南に向か
って歩いてみよう。アクセスはバートなら
16TH ST. MISSION駅、ミュニバスなら
Mission St.を走る14番が便利。

バレンシア・ストリートはミッション地
区の目抜き通り

カラフルな壁画も見られる

★☆★☆★☆★☆★☆★☆★☆★☆★☆★☆★☆★☆★☆★☆★☆★☆★☆★

🛍 バイライト
Bi-Rite　MAP P111A1

ロハスアイテムがぎっしり

オーガニック食材などロハスなアイテムが並ぶ
スーパー。生鮮食品から加工品まで、SF近郊
で生産されたものばかり。小さい店ながら開店
直後から意識の高い人たちで賑わう。

DATA 🚌ミュニバス33番18TH ST.& GUERRERO ST.から徒歩1
分 🏠3639 18th St. 📞(415)241-9760 🕐3~21時 🚫なし

新鮮なオーガニック野菜が揃う

ミッション地区でと
れた地元産のロー
ハニー$13.99

天然素材から作ら
れたハンド用の固
形石鹸$5.99

アンチョビの
オイル漬け$9.99

ジャックフルーツ・
チップス$4.99

★☆★☆★☆★☆★☆★☆★☆★☆★☆★☆★☆★☆★☆★☆★☆★

スタンダードなエ
コバッグ$12。10
種類以上あり、
季節によってデザ
インが変わる

2通りの持ち手があり
肩掛けにもできるダッ
グバッグ$34

🛍 バグー
Baggu　MAP P111A2

手頃で使い勝手抜群のバッグ

人気のバッグ専門店。シンプルな
デザインは機能性にすぐれ、使い
勝手も抜群。手頃な値段でかわい
い折り畳みのリューザブル・バッ
グは柄違いを揃えてもいいかも。

DATA 🚌ミュニバス14・49番MISSHION
ST.& 20TH ST.から徒歩3分 🏠911
Valencia St. 📞(415)314-4193 🕐12~
19時(土・日曜は11時~) 🚫なし

美しくディスプレイさ
れたバッグがずらり
と並ぶ

こちらもCheck!

Nice
Location

📷 ツイン・ピークス
Twin Peaks　MAP 別冊P13A3

SF屈指の眺望スポット

ミッション地区の西側にある標高276mと
277mの2つの丘からは、坂が多いSFの街を一望できる。ダウンタ
ウン方面の眺望は順光になる午後が美しい。

DATA 🚌ミュニバス37番74 CRESTINE DR.から徒歩6分(またはミュニメトロ
CASTRO駅からタクシーで10分)

Chestnut & Union St.

チェスナッツ & ユニオン・ストリート

in Pacific heights

街歩きのポイント

どちらのストリートもあまり長くないので個性派ショップをのぞきながらのんびり歩きたい。2つのストリート間は徒歩で15分ほどの距離。

ショー・シューズ
Shaw Shoes　MAP P112B1

さまざまなシーンに合う靴が揃う

ケイト・スペードやコール ハーンなど高級ブランドを中心にパンプスからスニーカーまで幅広い品揃え。オシャレ着に合わせたいシャイニーなサンダルなど$200台の商品が中心。

オープントゥで夏の脚をキレイに見せてくれそうなブーツサンダル

DATA ミュニバス45番UNION ST.& BUCHANAN ST.からすぐ 2001 Union St. (415)922-5676 11~18時 日曜

試し履きしながらぴったりの一足を選ぼう

シャイン素材で足元が華やぐオシャレなスニーカー

イーアイ・ホーム
El Home　MAP P112A1

カリフォルニア州をかたどった木製のチーズボードは旅の思い出になりそう

メイド・イン・SFのおみやげ

ローカル企業が製造した雑貨を中心に小物やキャンドル、子ども向け玩具などを扱うショップ。おみやげとして喜ばれそうなここでしか買えない雑貨は必見。個性豊かでカラフルなアイテムは見ているだけで楽しくなる。

料理が楽しくなりそうなカラフルなミトンは絵柄がいろいろ選べる

DATA ミュニバス30番CHESNUT ST.& PIERCE ST.からすぐ 2176 Chestnut St. (415)757-0109 11~18時 なし

アンビアンス
Ambiance　MAP P112B1

アパレルからジュエリーまで

30年近くレディスファッションをメインに取り扱うベストブティック賞も受賞している老舗。カジュアルからセミフォーマルまでトータルコーディネートができる。

バッグや帽子、アクセサリーも充実。女性らしいファッションが揃う

DATA ミュニバス45番UNION ST.& LAGUNA ST.から徒歩1分 1858 Union St. (415)923-9796 11時30分~18時30分(金・土曜11~19時) なし

黒と白のストライプが目印の外観。店内は明るい雰囲気で入りやすい

多様なブランドを取り扱う豊富なセレクションが自慢。店員もフレンドリーで買い物がしやすい

トゥー・スカーツ
Two Skirts　MAP P112A1

海外ブランドも扱うセレクトショップ

パーティに重宝しそうなドレスからフェミニンな装いが楽しめるカジュアルウェアまで揃う。靴やバッグ、アクセサリーも充実しており、トータルコーディネートしたくなる。

DATA ミュニバス30番CHESNUT ST.& PIERCE ST.から徒歩1分 2124 Chestnut St. (415)441-6727 11~17時 なし クラシックでおしゃれな内装も要チェック

女性らしいシルエットで大人な雰囲気を演出するトップス

カジュアルな装いに華を添えるトップス

Fillmore St.

パシフィック・ハイツ　 別冊P14B2

フィルモア・ストリート

in Pacific heights

街歩きのポイント

高級住宅街の近くにありハイセンスで落ち着いたショップが並ぶ。Sutter St.からWashington St.にかけて店が連なり、北から南に向かってゆるやかな下り坂なのでWashington St.あたりから歩き始めるのがラク。22番バスが2ブロックごとに停車。

ベネフィット
Benefit　 P113A1

SF発のキュートなコスメブランド

アメリカらしいポップでカラフルなパッケージデザインが特徴的な老舗ブランド。機能的で使った瞬間から効果を発揮する商品が多い。

DATA　ミュニバス1・22番FILLMORE ST.& SACRAMENT ST.から徒歩2分　2117 Fillmore St.　(415)567-0242　10～19時（土曜は～18時30分、日曜は～18時）なし

キュートな色使いのリップグロスはまとめ買いしたい

人気商品がセットになったお買い得ボックス「オールインワン」

ジョナサン・アドラー
Jonathan Adler　 P113A1

NY発の独特な世界感が魅力の雑貨

インテリアデザイナー兼陶芸家のジョナサン・アドラーが生み出す、シックなデザインに遊び心を効かせたユニークでカラフルな商品は、ハリウッドセレブにもファンが多い。

DATA　ミュニバス1・22番FILLMORE ST.& SACRAMENT ST.から徒歩1分　2133 Fillmore St.　(415)563-9500　10～18時なし

遊び心あふれる商品がたくさん

ゴールデン・ゲート・ブリッジを描いたクッション

香水$180（50mℓ）

バーを思わせる店内に香水ボトルが並ぶ

DATA　ミュニバス1・22番FILLMORE ST.& SACRAMENT ST.から徒歩1分　2238 Fillmore St.　(415)931-3212　11～19時（日曜は～18時）なし

ル・ラボ
Le Labo　 P113A1

目の前で作られる自分だけの香水

2人のクリエイターによるフレグランスの店。別々に保管されたエッセンシャルオイルとアルコールを目の前で調合するフレッシュな香水が人気。

バン・ミー
Bun Mee　P113A2

ヘルシーなベトナム料理

バゲットに野菜や肉を挟んだベトナムのサンドイッチ「バン・ミー」を中心にアジア風ライスボウルやサラダなどヘルシーなメニューも多い。

サンドイッチは$12.50、ライスボウルは$16～

DATA　ミュニバス22番FILLMORE ST.& PINE ST.から徒歩1分　015 Fillmore St.　(415)800-7696　11～20時（日曜は～15時）なし

こちらもCheck!

アラモ・スクエア
Alamo Square　別冊P14B3

ヴィクトリア調の家並みが美しい

フィルモア・ストリートの南側、高台にある広場。周囲にはヴィクトリア調の建物が並び、その後方にダウンタウンのビル群を重ねて見ることができる。広場中央あたりからの眺望が◎。

DATA　ミュニバス21番HAYES ST.& PIERCE ST.からすぐ

Clay St.
Washington St.
てんいち
シエロ
ピア・ベネト
ル・ラボ
スターバックス・コーヒー
ラ・メディテラネ
Sacramento St.
ピーツ・コーヒー
ジョナサン・アドラー
ベネフィット
フィルモア・ストリート
California St.
タコバー
ミオ
バン・ミー
Otben Pl.
Pine St.
ペイパー・ソース
フロリオ
ウィルモット・ストリート
Wilmot St.
Sutter St.
Bush St.
0　50m

おいしい＆ヘルシーが集合！

フェリー・ビルディングでおみやげ探し

ロハスな街SFだけに、ファーマーズ・マーケットに集まる素材も
ヘルス・コンシャスなものばかり。グルメなおみやげ探しにもぴったり。

フェリー・ビルディング
Ferry Building **MAP** 別冊P17D1 **エリア** ノース・ビーチ

ロハスなものがいっぱい

サウサリートなどへのフェリーが発着する建物はこのエリア
のランドマーク。館内にはロハスなアイテムを扱うショップ
が集まり、週3回のファーマーズ・マーケットも大人気。

DATA 🚇ミュニメトロF線THE EMBARCADERO & FERRY BUILDINGから徒歩1
分 🏠1 Ferry Building

 **毎日開催**

フェリー・ビルディング・マーケット・プレイス
Ferry Building Market Place **MAP** 別冊P17D1

ロハスな常設マーケット

フェリー・ターミナルのビルがモールに変身。通路
の両側に食品や雑貨、カフェなどのこだわりショッ
プが50軒ほど並び、常設マーケットのよう。ファ
ーマーズ・マーケット開催日でなくても楽しめる。

DATA 📞(415)983-8030 🏠店舗により異なる 休なし

 おすすめSPOT

ガーデナー
The Gardener

キッチン雑貨が充実

自然素材を使ったキッチンウェアやガー
デニング用品などが揃う。どれもが機
能的で体や環境にやさしいものばかり。

DATA 🏠Shop #26 📞(415)981-8181
🏠10〜18時（土曜9時〜、日曜11〜17
時）休なし

寄木の
まな板

ラベンダー
ナチュラル
ソープ

★☆★☆★☆★☆★☆★☆★☆★☆★☆★☆★☆★☆★

リキューティ・コンフェクションズ
Recchiuti Confections

16個入
りボック
ス$52

限定フレーバーは要チェック

香り豊かなチョコレートの専門店。
24種の定番フレーバーに加えて、
季節限定フレーバーも登場。ボッ
クス入りはおみやげにもぴったり。

DATA 🏠Shop #30 📞(415)834-
9494 🏠10〜18時（金曜9時〜、
土曜8〜17時、日曜は〜17時）
休なし

リンゴのス
ライスをチ
ョコでコー
ティングし
たキーライ
ム・アップ
ルズ$30

まだまだあります！

アクメ・ブレッド・カンパニー →P117
エピキュリアン・トレーダー（食品）
ブルー・ボトル・コーヒー →P109
ホグ・アイランド・オイスター・カンパニー →P104
フォグ・シティ・フリートレーディング・ポスト（雑貨）

そのほかのファーマーズ・マーケット

＼ 水・日曜開催 ／

ハート・オブ・ザ・シティ・ファーマーズ・マーケット
Heart of the City Farmers' Market　MAP 別冊P15C3　エリア シビックセンター　★

市庁舎の近くで開催される小規模市。フェリー・プラザ・ファーマーズ・マーケットとは日がずれているのがうれしい。

DATA 交ミュニメトロ、バートCIVIC CENTER駅から徒歩2分
住United Nation Plaza　☎(415)558-9455　圏水曜7時〜17時30分、日曜7〜17時）　休月・火・木〜土曜

＼ 水曜開催 ／

カストロ・ファーマーズ・マーケット
☆　Castro Farmers' Market　MAP 別冊P14B4　エリア ミッション

★　水曜の夕方のみ開かれ、SFの素顔に触れることができる庶民的なマーケット。ミュニメトロでアクセスできる。

★　DATA 交ミュニメトロF線MARKET ST.& NOE ST.からすぐ
★　住Noe St. at Market St.　☎(925)825-9090　圏水曜15〜19時　休木〜火曜 ※冬期（11月中旬〜3月下旬）は休み

屋外マーケットなら…

フェリー・プラザ・ファーマーズ・マーケット
Ferry Plaza Farmers Market　MAP 別冊P17D1

火・木・土曜開催

アクセス良好な人気マーケット

フェリー・ビルディング周辺で開かれる青空マーケット。近隣でとれたオーガニック野菜や加工品などのほか、食べ歩きにもぴったりなグルメメニューが集まっている。週3回開催されるが、土曜がいちばん出店数が多くオススメ。

SF周辺のおいしいものが集まっているよ

DATA ☎(415)291-3276
圏火・木曜10〜14時、土曜8〜14時　休月・水・金・日曜

旬の野菜もいっぱい

グルメなフードストールは昼どきには行列ができる

ラベンダーなどのハーブを扱うショップも

スパイスやドライ食品など生産者こだわりのアイテムが多い

＼ 食べ歩きに！ ／

☆
☆
★
★
★
★
★
★
★
☆
★
☆
★
☆
★
☆
★
☆
★
☆
★

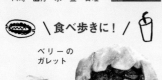
ベリーのガレット

ピスタチオのショートブレッド

サーモンのオープンサンド

Hotdog!

100％ビーフのホットドッグ

＼ おみやげに！ ／

マーシャル・ファームのベアボトル入りハチミツ12オンス入り

2オンス入りのミニベアボトル

ハチミツはフレーバーもサイズもいろいろ。8オンス入り

バリアーニのアーリーハーベスト・オリーブオイル1ℓボトル

バリアーニのトリュフ・オリーブオイル250㎖ボトル

ブルーボトル・コーヒーのコーヒー豆

トマトのオリーブオイル漬けの素

サンフランシスコから30分のエコタウン
高感度なバークレーをおさんぽ
Berkeley

MAP 別冊P18A4

名門カリフォルニア大学のお膝元バークレーは自由で革新的な街。
SFからほんの少しだけ足を延ばして、エココンシャスな街を歩いてみよう。

＼ ACCESS ／
バートPOWELL ST.駅からRICHMOND行き
で約30分、DOWNTOWN BERKELEY駅また
はNORTH BERKELEY駅下車。

let's walk

街歩きのポイント 🚶

ショップが集まる4th St.へは、バートNORTH
BERKELEY駅から徒歩25分ほど。またはバー
トDOWNTOWN BERKELEY駅からUniversity
Ave.を走るACトランジットの51B線バスでも
アクセスできる。UNIVERSITY AVE. at 4TH
ST.下車。所要15分。

🏠 アイケン
Aiken

MAP P117A1

エコだけどハイセンス

環境を意識しながらもセンスのいいウェアや
雑貨を集めたセレクトショップ。バッグやベル
トなどのファッション小物も多い。

DATA 🚃ACトランジット51B線UNIVERSITY AVE. at
4TH ST.から徒歩3分 🏠1809B 4th St. 📞(510)649-
9759 🕐11〜18時 🈺なし

雑多なアイテムが揃う

カラフルな
ラグトート

Tシャツ
$30〜

* ☆ * ☆ * ☆ * ☆ * ☆ * ☆ * ☆ * ☆ * ☆ * ☆ * ☆ * ☆ * ☆ * ☆ * ☆ * ☆ * ☆ * ☆ * ☆ *

オーガニック
ベビーTシャツ

オーガニック
ロンパース

シーツやまくらカバーなど
の寝具もオーガニック

🏠 アースセイク
Earthsake

MAP P117A1

オーガニックな寝具の草分け

マットレスなどの寝具をはじめ、オーガニック
コットンのリネンやシャツが豊富。ナチュラル
なボディケア用品もいろいろ揃う。

DATA 🚃ACトランジット51B線UNIVERSITY AVE. at
4TH ST.から徒歩4分 🏠1772 4th St. 📞(510)559-
8440 🕐11〜18時 🈺なし

* ☆ * ☆ * ☆ * ☆ * ☆ * ☆ * ☆ * ☆ * ☆ * ☆ * ☆ * ☆ * ☆ * ☆ * ☆ * ☆ * ☆ * ☆ * ☆ *

☕ ピーツ・コーヒー＆ティー
Peet's Coffee & Tea

MAP P117A1

深煎りローストコーヒーの先駆者

1966年にバークレーに創業し、カリフォルニアを中心に
展開する大手コーヒーチェーン。スタバの創業者も通っ
たという1号店は今も健在（MAP● 別冊P19C3）。

DATA 🚃ACトランジット51B線UNIVERSITY AVE. at 4TH ST.から徒歩
5分 🏠1776 4th St. 📞(510) 525-3207 🕐5時〜19時30分
（土・日曜6時〜） 🈺なし

4th St.の店舗

コーヒー$2.15〜

カリフォルニア大学バークレー校

University of California, Berkeley

 別冊P19D4

バートDOWNTOWN BERKELEY駅の東側にある広大な敷地がカリフォルニア大学バークレー校。通称UCBまたはCAL（キャル）とよばれる世界屈指の名門大学だ。3万5000人以上の学生が在籍し、敷地内には美術館や博物館、植物園などの施設が点在。一般にも開放されている。ショップで販売しているCALのマスコットのクマをモチーフにしたグッズはおみやげにもぴったり。

キャンパスの中央にそびえるセイザー・タワー

UCボタニカル・ガーデン

UC Botanical Garden at Berkeley

大陸ごとに分けて植栽される植物の種類や数は全米でも最大規模。センスのよいガーデニンググッズや雑貨を扱うショップも必見。

DATA 値200 Centennial Dr. 時10〜17時（最終入場16時30分）休第1・3火曜 料$18

バークレー・アート・ミュージアム＆パシフィック・フィルム・アーカイブ

Berkeley Art Museum & Pacific Film Archive

ディラー・スコフィディオ＋レンフロが手がけた建築も必見のコンテンポラリーの美術館とフィルムアーカイブの総合施設。

DATA 値2155 Center St. 時11〜19時 休月・火曜 料$14

ローレンス・ホール・オブ・サイエンス

Lawrence Hall of Science

科学を実際に手で触れて体感できる体験型科学展示館。バークレーの街を見下ろす小高い山の斜面にあり、駐車場からの展望は最高。

DATA 値1 Centennial Dr. 時10〜17時 休なし 料$20

★☆★

🏠 アクメ・ブレッド・カンパニー

Acme Bread Company

別冊P18A3

SFで大人気のオーガニック＆天然酵母パン

ベイエリアを代表する素材にこだわったパン店。店内のキッチンで次々に焼き上がるパンを求めて行列ができることもしばしば。フェリー・ビルディングにも支店がある（→P114）。

DATA 交ACトランジット51B線UNIVERSITY AVE. at 4TH ST.から徒歩20分 住1601 San Pablo Ave. ☎(510)524-1327 時8〜16時（木・金曜は〜17時、日曜8時30分〜15時）休なし

アップルタルト$4やラスティックロール$1など

★☆★☆★☆★☆★☆★☆★☆★☆★☆★☆★☆★☆★☆★☆★☆★☆★☆★☆★☆

🏠 タイトル・ナイン

Title Nine

P117A1

着心地◎なスポーツブランド

女性の動き方と心地よい肌ざわりを知り尽くしたハイエンドなスポーツカジュアルブランド。デザイン、カラーバリエーションも豊富。

DATA 交ACトランジット51B線UNIVERSITY AVE. at 4TH ST.から徒歩3分 住1805 4th St. ☎(510)526-1972 時10〜18時（日曜11〜17時）休なし

スポーツブラ、水着兼用$65〜75前後（上）、スポーツタイプスカート$60〜70前後（下）

A バートNORTH BARKLEY駅

フォース・ストリート

Virginia St.

7th St.
5th St.
6th St.

1

アースセイク

スー・ラ・テーブル
ファイブ・リトル・モンキーズ

ピーツ・コーヒー＆ティー

タイトル・ナイン

ズット・レストラン

アイケン

ガーデナー
アベダ
ベネフィット

アンソロポロジー

MACコスメティック

Hearst Ave.

3rd St.
4th St.
2nd St.

51B, 802

51B,802

51B, 802

51B,802

University Ave.

51B

2

バークレーアムトラック

51B,802 BERKELEY AMTRAK

Addison St.

N 0 100m

サンフランシスコから車で4時間

滝と緑のヨセミテ国立公園

SFから東に300km、世界遺産にも登録されているヨセミテ国立公園。無数の滝や切り立った断崖など、大自然がつくり出した景観を目の当たりにできる人気スポットだ。

【SFからの1泊2日モデルコース】

1day

- **6:30** SFを出発
  - ↓ バート＋アムトラック＋ヤーツ
- **13:00** ヨセミテ・ビュー・ロッジ着
  - ↓ ヨセミテ・バレー内を散策
- **夕方** ホテルへ　ヨセミテ・バレー泊

2day

- **午前** ツアーに参加
  - ↓ トレッキングなどのアクティビティ
- **14:29** ヨセミテ・バレー・ビジターズ・センター発
  - ↓ ヤーツ＋アムトラック＋バート
- **夜** SF着

ヨセミテ国立公園
Yosemite National Park　MAP 別冊P1-2B3

西海岸屈指の自然スポット

3000km²という広大な面積をもつヨセミテは年間400万人もの人が訪れる自然豊かな国立公園。ダイナミックな景観が広がる公園内には、エル・キャピタンやハーフ・ドームなどの名所が点在し、トレッキングやサイクリングなど、さまざまに楽しむことができる。観光の中心となるヨセミテ・バレーには宿泊施設やショップ、観光案内所などが集まっている。

DATA 時24時間　休なし　料車1台$35、バイク1台$30、徒歩・自転車等は1人$20。7日間有効　※秋～春にかけて一部道路が閉鎖　URL www.nps.gov/yose

＼ACCESS／

●車：SFからヨセミテの玄関口となるマーセドまでは約200km、ここからヨセミテ・バレーへは130km。所要4～5時間ほど。
●鉄道＋バス：セルフォース・トランジット・センターからバート・レッドラインでリッチモンドまで35分、下車後リッチモンド・アムトラック駅まで徒歩（4分）で移動し、マーセドまではアムトラックで約2時間40分。ここからバス（ヤーツYARTS）でヨセミテ・ビュー・ロッジまで約2時間。トータル所要時間約6時間30分。片道合計＄37.20～※このルートで移動するにはSFを早朝に出発する必要がある。
アムトラック URL www.amtrak.com/　ヤーツ URL yarts.com
●ツアー：オプショナルツアー（→P130）なら日帰りも可能。1泊以上のコースもある。

ヨセミテの成り立ち

谷の両側に切り立つ断崖という特徴ある景観は、マーセド川と氷河の活動がつくり出したもの。まず、マーセド川の浸食によってできた深さ1000mほどの谷が氷河の活動によって巨大なU字谷に。氷河期が終わると底部が湖になり土砂が堆積。その後、地形の変化により水が流れ出したため、平坦な部分が露出して現在のような姿になった。

国立公園のルール＆マナー

動植物の採取はしない、ゴミは捨てないなどは最低限のマナー。動物に遭遇してもむやみに近寄ったりエサを与えたりするのは禁止。

植物を傷めないようトレイル以外の場所は歩かないように

ヨセミテ公園の楽しみ方

1 ベストシーズンは夏

園内では四季折々の表情を楽しむことができるが、アクティビティが充実している7〜9月がベストシーズン。5〜6月には雪解けによる滝の水量が多く、迫力ある景観を楽しむことができる。冬は積雪のため行動がかなり制限される。

2 持ち物と服装をチェック

日差しが強いのでサングラスや帽子など紫外線対策を万全に。また朝夕は冷えるので夏でも長袖シャツは必携。天候の急変に備えて、レインコートや折り畳み傘などの雨具も用意したい。動植物観察や岩壁に張り付くロッククライマーたちを見るなら、高倍率の双眼鏡があると便利。

3 情報収集はビジターセンターで

園内のみどころやアクティビティの情報は、ビジターセンターで得られる。各種地図や資料が揃うほか、宿泊予約なども行っている。特にトレッキングを予定しているなら事前に訪れ、地図などの資料や情報を入手しておこう。

ヨセミテ・バレー・ビジター・センター
Yosemite Valley Visitor Center　**MAP** P121A2

DATA 📍9035 Village Dr.　📞(209)372-0200　🕐9〜17時（冬季は変更の可能性あり）　休なし

4 無料のシャトルを利用

7〜10時（季節により異なる）の間運行。ルートは2本あり、8〜22分間隔で運行している。多くの観光スポットをカバーするバレーワイド・シャトルは周遊に約1時間30分要する。

5 トレイルの歩き方

園内には30分ほどのものから8時間もかかるものまで、無数のトレイルが整備されている。ハイキングの際は雨具や十分な飲み水を持参し、トレイルから外れないよう注意して歩こう。簡単なトレイルマップはビジターセンターで入手できる。

6 園内でも宿泊できる

ホテルやロッジ、キャンプ場などがあり、園内で宿泊可能。6〜9月のシーズン中は混雑するので、日程が決まったら早めに予約するようにしよう。

ヨセミテで宿泊するなら

ヨセミテ・バレー・ロッジ
The Yosemite Valley Lodge　**MAP** P121A2

観光拠点に最適

ヨセミテ滝の近くにあり、公園内最大の収容人数を誇る。木々に囲まれた複数のロッジからなり、ツアーデスクやフードコート、ショップなどの施設が充実。

DATA 📞(888)413-8869（予約専用）　料$289〜　245室

アワニーホテル
The Ahwahnee Hotel　**MAP** P121A2

園内最高級ホテル

2016年に改装した老舗。歴代大統領をはじめ多くの著名人を受け入れてきた伝統をもつ。エレガントな建物に行き届いたサービスと、滞在は快適そのもの。

DATA 📞(888)413-8869（予約専用）　料$521〜　121室

必見
1

必見
2

落差189m。風に舞いあがる水しぶきが美しい

ヨセミテ国立公園の必見スポット

必見1 ブライダルベール滝
Bridalveil Fall
 MAP P121A1

女性的な美しさが人気

断崖を流れ落ちる繊細で華麗な滝。風に舞いあがる水しぶきが花嫁のベールに似ていることからこの名前がつけられた。水量の多い春から初夏が見頃。

 園内のあちこちから見られるがサウス・サイド・ドライブからなら正面に見ることができる。

必見2 エル・キャピタン
El Capitan
MAP P121A1

氷河に削られた一枚岩

高さ1000mを超え、一枚岩としては世界最大。ロッククライマーの憧れの地であり、壁面にはけし粒のようなクライマーの姿を見ることができる。

 クライマーの姿は肉眼では見つけにくいので高倍率の双眼鏡があると便利。

必見3 ハーフ・ドーム
Half Dome
MAP P121A1

自然の力を目の当たりに

巨大な岩の半分が氷河によって削り取られた独特の景観。標高2695mの頂上まではトレイルが設けられている。センチネル・ブリッジからの姿が美しい。

ここを Check! 山頂へのトレイルは人数制限が設けられており事前申請が必要。詳細はWebで確認を。

必見4 ヨセミテ滝
Yosemite Falls
MAP P121A1

落差739mの荘厳な姿

3段に分かれて豪快に流れ落ちる男性的な滝。近景から遠景まで、角度によってさまざまな姿を楽しむことができる。水量の多い春から初夏がベスト。

ここを Check! トレイルの起点はヨセミテ・バレー・ロッジ。3段の滝の一番下までは30〜40分で往復できる。

必見5 グレイシャー・ポイント
Glacier Point
MAP P121A2

断崖の展望台から渓谷を見下ろす

ヨセミテ・バレーの南側にある展望スポット。ハーフ・ドームやヨセミテ滝が一望でき、足元に小さくマーセド川の流れが見える。ツアーで訪れるのが簡単。

ここを Check! ツアーバスはヨセミテ・バレー・ロッジから発着。1日3便あり所要約4時間。往復$41、片道$25。

必見6 トンネル・ビュー
Tunnel View
MAP P121A1

代表的な景観が広がる

深い谷間とその両側にそびえる崖といったヨセミテらしい姿を見ることができる眺望スポット。写真家アンセル・アダムスが好んだ場所としても知られる。

ここを Check! ハーフ・ドーム、ブライダルベール滝、エル・キャピタンなど、ヨセミテの名所を一望できる。

必見 3

山が半分に削られた独特の景観

必見 4

見る場所によってさまざまな表情に

必見 5

山々のパノラマを楽しめる絶景スポット

必見 6

ヨセミテの独特の地形の全貌が見える

ヨセミテ豆知識

公園内では愛らしいリスの姿がたくさん見られる

公園内で見かける動物たち

園内には400種以上の動物が生息しており、ハイキングの途中リスや鹿などに遭遇することも多い。ミュール鹿など、ヨセミテの固有種も多数確認されている。熊やコヨーテなど凶暴な動物もいるので、むやみに近寄らないこと。

世界クラスの高度差をもつ滝に注目

落差の大きな世界の滝ベスト10のうち、2つがヨセミテにある。1つは第5位のヨセミテ滝で739m、もう1つは第7位のセンチネル滝で落差610m。このほか、リボン滝491m、ブライダルベール滝189m、ネバダ滝181m、バーナル滝97mなどがある。

ヨセミテ全体

Camp Mather
ビッグ・オーク・フラット観光案内所
ビッグ・オーク・フラット・エントランス
アーチ・ロック・エントランス
ホワイト・ウォルフ・ロッジ（臨時休業）
メイ湖 May Lake
トゥオルム・メドゥズ観光案内所
Tioga Rd.
オルムステッド・ポイント Olmsted Point
トゥオルム・メドゥズ・ロッジ
ヨセミテ・クリーク
ヨセミテ滝
ノース・ドーム
タマラク・フラット
リボン滝
エル・キャピタン
トンネル・ビュー
センチネル滝
ハーフ・ドーム
ブライダルベール滝
エル・ポータル
ヨセミテ・バレー
ヨセミテ・ウエスト
メーセド
ワワォナ&マリポサ・グローヴ
ワワォナ観光案内所
ワワォナ
ワワォナ・ホテル
南ゲート
マリポサ・グローヴ
Fish Camp

0　　10km

ヨセミテ中心

ヨセミテ・バレー・ビジター・センター
アンセル・アダムス・ギャラリー[書籍・民芸品]
ヨセミテ・ビレッジ
Northside Dr.
ビレッジ・ストア[食品・雑貨]
アワニーホテル
North Pines
センチネル・ブリッジ
ハウス・キーピング・キャンプ
Lower Pines
Upper Pines
Southside Dr.
カリー・ビレッジ
ヨセミテ・バレー・ロッジ
メーセド川
グレイシャー・ポイント
ネイチャー・センター・アット・ハッピー・アイル

0　　500m

目的に合わせてチョイス

サンフランシスコの人気ホテル

ホテルが最も集中しているのは、アクセスがいいユニオン・スクエア周辺。フィッシャーマンズ・ワーフも宿泊地として人気が高い。また、古い建物を改装したホテルもあり、クラッシックな趣を楽しめる。

ユニオン・スクエア 別冊MAP P16B2

リッツ・カールトン・サンフランシスコ

The Ritz-Carlton San Francisco

美しい石造りの高級ホテル

客室はもちろんカフェやレストランなど、館内はどこを眺めても絵になる優雅さ。まさに大人の社交場の雰囲気だ。ロビーではハープやピアノによる生演奏が楽しめる場合も。客室からの眺めもすばらしい。

DATA ㊯ケーブルカー パウエル&ハイド線POWELL ST.& PINE ST.から徒歩2分 ㊟600 Stockton St. ☎(415)296-7465 ㊕シングル$480～ ツイン$480～ 336室 R F

1. 落ち着いた色調の客室 2. ギリシャ神殿を思わせるような重厚な外観が印象的

フィッシャーマンズ・ワーフ 別冊MAP P19C2

RIUプラザ・フィッシャーマンズ・ワーフ

RIU Plaza Fisherman's Wharf Hotel

港がモチーフのホテル

港をモチーフにした外観が特徴的。ピア39へも徒歩約5分と便利。ロビーの延長として屋外リビングルームも備えており、飲み物や食事を楽しむこともできる。客室は内装や寝具にこだわりくつろぎの空間を演出。

DATA ㊯ケーブルカー パウエル&ハイド線POWELL ST.& BEACH ST.から徒歩10分 ㊟2500 Mason St. ☎(415)362-5500 ㊕シングル$155～ ツイン$155～ 531室 R P F

1. 自然光が差し込む明るい客室は広さも十分 2. 中庭でのんびりくつろげる

ユニオン・スクエア 別冊MAP P16B3

ウェスティン・セント・フランシス

The Westin St. Francis

各国の要人やVIP御用達

歴代大統領や国賓などが常宿とする1904年創業の由緒あるホテル。ロビーの内装は豪華でヴィクトリア時代を思わせる。寝心地最高の羽根布団を備えたベッドでゆっくりと。

DATA ㊯ミュニメトロ、バートPOWELL駅から徒歩5分 ㊟335 Powell St. ☎(415)397-7000 ㊕シングル$250～ ツイン$310～ 1192室 J R F

1. モダンなデザインのグランド・デラックス・キング 2. 重厚感のあるロビー

ユニオン・スクエア 別冊MAP P16A3

ハンドレリー・ユニオン・スクエア

The Handlery Union Square Hotel

アットホームな雰囲気で滞在

大きなチェーンホテルが多いユニオン・スクエア中心部では珍しく、家族経営のこぢんまりしたヨーロッパ風のホテル。1908年の創業だが、2018年にリニューアルしている。レストランやバーも家庭的な雰囲気だ。

DATA ㊯ミュニメトロ、バートPOWELL駅から徒歩約5分 ㊟351 Geary St. ☎(415)781-7800 ㊕シングル$209～ ツイン$209～ 377室 R P F

1. 茶を貴重としたシンプルな客室 2. レストランやバー、プールもある

 [マークの凡例] J 日本語OK、R レストラン、P プール、F フィットネスジム

ヒルトン・サンフランシスコ・ユニオン・スクエア
Hilton San Francisco Union Square

3つの建物からなる大型アコモデーション。ケーブルカー乗車場から徒歩3分、ユニオン・スクエアも近いので観光に便利。DATA🚃ミュニメトロ、バートPOWELL駅から徒歩5分　🏠333 O'Farrell St.　☎(415)771-1400　🉐シングル$175～ツイン$175～　1900室 Ⓙ Ⓡ Ⓟ Ⓕ

 ドナテロ
The Donatello

最上階にある「クラブ1500」はホテル自慢のラウンジ。バスローブやドライヤー、アイロンも完備。※予約は2泊から受付 DATA🚃ミュニメトロ、バートPOWELL駅から徒歩8分　🏠501 Post St.　☎(415)441-7100　🉐キング（4名用）$299～　94室 Ⓡ Ⓕ

 ニッコー・サンフランシスコ
Hotel Nikko San Francisco

ユニオン・スクエアまで2ブロックという便利な立地。客室には最新のベッドが配されており、バスルームもモダン、快適に過ごせそう。DATA🚃ミュニメトロ、バートPOWELL駅から徒歩3分　🏠222 Mason St.　☎(415)394-1111　🉐シングル$208～ツイン$287～　約500室 Ⓙ Ⓡ Ⓟ Ⓕ

 グランド・ハイアット・サンフランシスコ
Grand Hyatt San Francisco

ユニオン・スクエア至近で、ブランド店が集中するショッピングエリアやチャイナタウンにも近い。高層階からは、サンフランシスコの街並みが楽しめる。DATA🚃ミュニメトロ、バートPOWELL駅から徒歩7分　🏠345 Stockton St.　☎(415)398-1234　🉐シングル$285～ツイン$296～　669室 Ⓙ Ⓡ Ⓕ

 サンフランシスコ・マリオット・ユニオン・スクエア
San Francisco Marriott Union Square

ユニオン・スクエアまでワンブロックという便利な立地の落ち着いた雰囲気のホテル。ケーブルカー乗車場にも近い。DATA🚃ミュニメトロ、バートPOWELL駅から徒歩10分　🏠480 Sutter St.　☎(415)398-8900　🉐シングル$227～ツイン$227～　400室 Ⓡ Ⓕ

 W サンフランシスコ
W San Francisco

インテリアがモダンでファッショナブル。おしゃれな若者に人気のホテルだ。サンフランシスコ近代美術館に隣接した立地は、ショッピングにも便利。DATA🚃ミュニバス14番MISSION ST.& 3RD ST.から徒歩3分　🏠181 3rd St.　☎(415)777-5300　🉐シングル$239～ツイン$239～　411室 Ⓡ Ⓕ

 サンフランシスコ・マリオット・マーキース
San Francisco Marriott Marquis

イェルバ・ブエナ・ガーデンズや近代美術館などのカルチャースポットへのアクセスが抜群。ビジネス利用が多い。DATA🚃ミュニメトロ、バートPOWELL駅から徒歩2分　🏠780 Mission St.　☎(415)896-1600　🉐シングル$349～ツイン$349～　1500室 Ⓡ Ⓕ

 BEI サンフランシスコ
BEI San Francisco,
Trademark Collection by Wyndham

アジア美術館のチケットが無料でもらえたり、ヨガやズンバのクラスがあったりと個性的なサービスにも注目したい。DATA🚃ミュニメトロ、バートCIVIC CENTER駅から徒歩2分　🏠50 8th St.　☎(415)626-6103　🉐シングル$186～ツイン$191～（税・手数料別）　384室 Ⓡ Ⓕ

 ホリデイ・イン・エクスプレス＆スイーツ－サンフランシスコ－フィッシャーマンズ・ワーフ
Holiday Inn Express & Suites-San Francisco-Fisherman's Whalf

快適で居心地のよい静かな客室を提供。DATA🚃ケーブルカー パウエル＆ハイド線POWELL ST.& BEACH ST.から徒歩2分　🏠550 North Point St.　☎(415)409-4600　🉐シングル$109～ツイン$129～　252室 Ⓡ Ⓕ

 キンプトン・ホテル・エンソ
Kimpton Hotel Enso

ミニマルな禅の感覚をもとにジャパンアートとアメリカンアートがコラボしたインテリア。日本食レストランやスーパーが多い。DATA🚃ミュニメトロ、バートVAN NESS駅から車で5分　🏠1800 Sutter St.　☎(415)921-4000　🉐シングル$229～ツイン$249～　131室 Ⓡ Ⓟ Ⓕ

 マリオット・バケーション・クラブ・パルス
Marriott Vacation Club Pulse,San Francisco

フィッシャーマンズ・ワーフにあり観光に便利。DATA🚃ケーブルカー パウエル＆ハイド線POWELL ST.& BEACH ST.から徒歩5分　🏠2620 Jones St.　☎(415)885-4700　🉐シングル$208～ツイン$208～　228室 Ⓡ Ⓕ

 フォーシーズンズ・ホテル・サンフランシスコ・アット・エンバカデロ
Four Seasons Hotel San Francisco at Embarcadero

ファースト・インターステート・センター内の上層部38～48階が客室。DATA🚃ミュニメトロ全線、バートMONTGOMERY駅から徒歩5分　🏠222 Sansome St.　☎(415)276-9888　🉐シングル$669～ダブル$669～　155室 Ⓡ Ⓟ Ⓕ

サンフランシスコ市内交通

サンフランシスコはコンパクトにまとまった街。しかし市内には50以上の丘があるといわれる
ほど坂の多い街なので、徒歩でまわるのは意外に大変。充実した交通機関を活用しよう。

◯ 街のまわり方

アメリカのほかの大都市に比べると規模が小さめなので移動も簡単。大きな移動にはバスとケーブルカーを
活用し、小さなエリア内は徒歩で散策するといい。1日2〜3エリアはラクラクまわることができる。

●街歩きは徒歩が基本

みどころは比較的狭い範囲に集まってい
るので、徒歩での散策が基本となる。た
だし、坂の街といわれるようにかなりの
急坂もあるので注意が必要だ。きつい上
り坂に出くわしたら、無理せずバスなどを
利用したほうがラクな場合もある。

●ケーブルカーに挑戦

坂道をガタゴトと走るケーブルカーは
サンフランシスコ名物。アトラクション
として一度は乗ってみたいが、観光の
足としても使える。週末など、発着場
では長蛇の列になっていても、途中の停
留所からならスムーズに乗れることも。

●ミュニバスも便利

市内を細かく網羅しているのがミュ
ニバスという市バス。路線が少々
複雑で、渋滞に弱いという欠点も
あるが、これを使いこなせれば街
歩きの効率がぐっとアップする。地
下を走るミュニメトロも早くて便利。

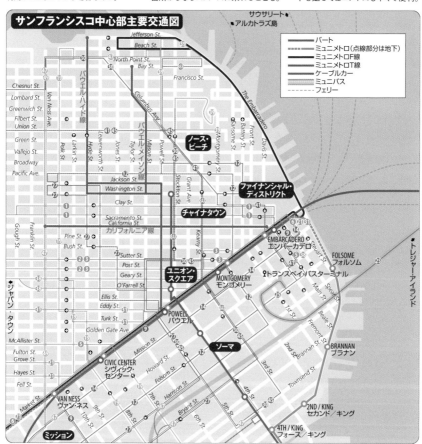

サンフランシスコ中心部主要交通図

凡例:
― バート
― ミュニメトロ(点線部分は地下)
― ミュニメトロF線
― ミュニメトロT線
― ケーブルカー
― ミュニバス
---- フェリー

ケーブルカー

Cable Car

1873年に開通し一時は市内の交通機関の主役として活躍したケーブルカー。今では3路線だけが現役で運行しており、主に観光客の足として機能している。レトロな車体に板張りのシートなど、乗り心地は決してよくないが、滞在中に一度は体験してみたい。

○料金

料金は一律で1回券は$8。
乗車時に車掌に直接支払う。つり銭のないように、小銭を準備しておくとスムーズ。ベイエリアの公共交通機関で使えるICカード「クリッパー」があると便利。マーケット・ストリートなどの発着場にはチケットブースもある。何度も乗るなら下記ビジター・パスポート($24)がお得。

○運行時間

運行時間:7時〜22時30分ごろ(路線により異なる)
深夜と早朝を除けば10分間隔で運行している。

●路線は3つ

○パウエル&メイソン線(Powell-Mason)
マーケット&パウエルSt.〜テイラー&ベイSt.。ピア39などに行くのに便利。

○パウエル&ハイド線(Powell-Hyde)
マーケット&パウエルSt.〜ハイド&ビーチSt.。フィッシャーマンズ・ワーフ西側にアクセス。

○カリフォルニア線(California)
マーケットSt.からヴァン・ネスAve.まで、カリフォルニアSt.を往復。

注意ポイント

・操縦士はグリップマンとよばれ、大きなレバーを操作している。安全のため、ときどき乗客を叱りつけることもあるが、指示には従おう。
・パウエル&メイソン線とパウエル&ハイド線は一部同じ路線を走る。車体の横に書かれた文字を確認して乗り間違えのないように。
・始発停留所の行列を避けるには朝早い時間がおすすめ。カリフォルニア線なら比較的空いている。座席にこだわらなければ、途中の停留所まで歩いたほうが早い場合もある。

●乗ってみよう

1 停留所を探す
始発停留所から乗る場合は行列ができていることが多い。途中から乗車するなら紫色の看板を探そう。路線上のほとんどの交差点に停留所がある。

←この看板が目印

2 チケットを買う
パウエル&ハイド線、パウエル&メイソン線の始発停留所にはチケット売り場があるので事前に購入しておく。売り場がない場所では乗車後車掌に直接支払う。ビジター・パスポートは車掌に提示。

↑パウエル&マーケットSt.のチケット売り場

3 乗車する
途中停留所なので交差点の中央で停車するので、停車したら周りの交通に注意しながら乗車する。乗車の際には車掌やグリップマンの指示に従おう。

↑安全を確認して乗車

○ステップ乗車に挑戦
満席の場合はステップの上に立って乗車することも可能。バーなどをしっかりつかんで落ちないように注意。大きな荷物があると拒否される場合もある。

↑スリリングなステップ乗車もSFならでは

4 下車する
途中の停留所で下車する場合、降りたい場所を車掌に伝えておくと確実。言葉に自信がなければ、行き先を紙に書いて渡しておくと最寄り停留所で教えてくれる。

↑途中下車の場合は車に注意

便利アイテムをチェック

市内を縦横無尽に移動するためのお助けグッズはこの2点。
街歩きを始める前に必ず手に入れておきたい。

○ビジター・パスポート
ケーブルカー、ミュニバス、ミュニメトロが乗り放題になるパス。1日券$24、3日券$36、7日券$47の3種あり、最終日の23時59分まで有効。SFMTAのアプリ「MuniMobile」を使うと1日券$13、3日券$31、7日券$41とお得になる。

↑日付を削って使用する

○クリッパー
ベイエリアの公共交通機関で使えるICカード。ケーブルカー、ミュニバス、ミュニメトロのいずれも使用可能で、割引の特典もある。
URL www.clippercard.com

↑購入場所はHPで確認

ミュニバス Muni Bus

サンフランシスコ市内を走る市バス。70ほどの路線が市内全域を網羅し、街歩きには欠かせない乗り物といえる。市内は一方通行が多く、路線は複雑なので使いこなすのは大変に思えるが、慣れてしまえば簡単。停留所の間隔は短いので、間違いを恐れず、ぜひ挑戦してみたい。

←路線番号を表示している

○料金
1回券は一律現金$3、MuniMobileまたはClipper $2.50。おつりは出ないので、あらかじめ小銭を用意しておこう。120分以内なら何度でも乗り継ぎできるので、乗車時にトランスファーチケットをもらうのを忘れずに。乗り継ぎ時にはこのチケットを車掌に提示する。

○運行時間
路線により大きく異なるがだいたい5〜24時ごろ。24時間運行の路線やOWLとよばれる深夜バスもある。

●観光に便利な路線
○6…フェリー・ビルディングからマーケット・ストリート経由でヘイト・ストリートへ
○6、7、7X、N Owl…ダウンタウンからヘイトアシュベリーへ
○8、8BX…ユニオン・スクエア周辺からチャイナタウン経由でフィッシャーマンズ・ワーフへ
○14、14R、14X…フェリー・ビルディングからミッション地区へ
○22…フィルモア・ストリートを南北に走る
○28…フォート・メイソンからゴールデン・ゲート・ブリッジへ
○37…ヘイトからツインピークスへ

プレシディオへの無料バス

市の北西部プレシディオへは、直通無料バス「プレシディゴー・シャトル」が便利。プレシディオ周辺を巡回するルートとダウンタウン（市内中心部）を巡回するルートがある。

○便利な路線
○ダウンタウンルート…セールスフォース・トランジット・センターからバートのEMBARCADERO駅などを経由してプレシディオのトランジット・センターへ。5時45分〜18時30分（土・日曜は9〜18時）の間15分〜1時間おきに運行。
○サウスヒルルート…プレシディオのトランジット・センターから1ルートあり、ベイカービーチなどの人気スポットを経由。6時30分〜19時（土・日曜は11〜18時）の間30分おきに運行。終日無料。詳細は www.presidio.gov/transportation/

↑プレシディゴー・シャトルの停留所

●乗ってみよう

1 停留所を探す
さまざまなタイプがあるが、「MTA」「MUNI」の文字と路線番号が書かれているのが一般的。バスの到着予定時間を表示する電光掲示板付きのバス停もある。

↑屋根付きのバス停

2 路線を確認
複数路線が走る道路では路線ごとにバス停が分かれている場合がある。路線番号と方向を間違えないように注意したい。

↑前面上部に路線名と行き先が表示されている

3 乗車する
目当てのバスが来たら手を挙げて合図し、前方のドアから乗車する。ドアは自動で開くが、開かない場合はドア横のボタンを押すと開く。

→順序よく乗車しよう

4 運賃を支払う
乗車したら運転席横にある運賃箱に現金を投入。トランスファーチケットを受け取るのを忘れずに。ビジター・パスポートは運転手に提示する。

↑おつりは出ないので小銭を用意

5 降車のリクエストをする
前方の優先座席はなるべく避け奥に進む。車内では停留所のアナウンスや電光掲示板がある場合も。降りるバス停が近づいたらボタンを押すか、紐を引いて降車の合図を。

↑この紐を引く

6 降車する
どのドアからでも降車できる。自動で開くドアが多いが、バーを押すか黄色いステップに踏み出すと開くタイプもある。

↑黄色いバーを押すと開く

! 注意ポイント
・電柱の一部や縁石を黄色く塗っただけのバス停もある。慣れないと見つけにくいので注意。
・路線によっては最後尾付近に雰囲気の怪しい乗客がいる場合も。よほど込んでいない限り最後尾付近には座らないほうが無難。早朝や深夜など乗客が少ない時は運転席近くがいい。

● ミュニメトロ　　Muni Metro

市内中心部と郊外とを結ぶ地下鉄。中心部以外では地上を走る。郊外の観光スポットへのアクセスにはあまり使うことはないが、マーケット・ストリートの移動には便利。地上のみを走るレトロなF線は、観光客に人気の路線。

○料金
1回券は一律現金 $3、MuniMobileまたはClipper $2.50。チケットはミュニバスとも共通で、90分以内なら何度でも乗り換え自由。
○運行時間
路線によるが5時〜24時ごろ。週末は始発が少し遅くなる。

●主な路線

全部で7路線あるが観光に便利なのはレトロなF線。マーケット・ストリートからフェリー・ビルディングを経由して海沿いをノイッシャーマンズ・ワーフまで走る。このほかの全線はすべてマーケット・ストリートの地下を走り、本数も多いので、特に道路が渋滞しているときには利用価値が高い。

 注意ポイント

・地上と地下とで乗り方が違う。地下には改札があり、地上部分はバスと同じ乗り方。
・マーケット・ストリートの地下部分では東向きがInbound、西向きがOutboundと表示されている。
・車両は「Boarding Zone」付近に停車する。ホームに着いたらこの表示を探そう。

●乗ってみよう

1 駅を探す
地下への入口は赤い丸に白でMUNIと書かれた看板が目印。路線名も併記されている。

↑エスカレーター付きの入口も

2 チケットを購入しホームへ
チケットは改札横の自動券売機で購入する。ミュニ・パスポートやトランスファーチケットを持っている場合は、係員に提示する。

↑自動改札ではスロットにチケットを通す

3 路線を確認する
地下のホームでは路線番号と行先を確認。ダウンタウンであれば全駅に全路線が停車するので方向さえ間違えなければどれに乗っても大丈夫。

↑ホームの路線案内図

4 乗車する
車両は2〜4両で運行しているので、ホームの長さよりはるかに短い。「Boarding Zone」と書かれている場所で待つようにしよう。

↑車両前部の路線番号も確認

5 降車して改札を通る
車内では停車席のアナウンスがあるがホームの駅名表示などでも確認を。ダウンタウンでは全駅に停車する。地上を走る部分では降車の合図が必要。

↑下車後に記念撮影する人も多い

ストリートカーに乗ろう

「ヒストリック・ストリートカー」ともよばれるミュニメトロのF線。世界各地で活躍したレトロなデザインで観光客にも大人気。

○乗り方はミュニバスと同じ

さまざまなタイプの車両が走るF線では、内部のデザインも車両ごとに異なっている。その車両の来歴なども記されていて、ちょっとしたミニ博物館のよう。乗り方はミュニバスと同じ。

←乗り場はプラットホームがある
→車内もレトロ感いっぱい

↑メキシコシティで活躍した車両を再現

↓現在もミラノを走っている車両

◯ バート Bart

サンフランシスコ市内と郊外を結ぶ鉄道で、Bay Area Rapid Transit（湾岸地区高速鉄道）の略。1972年に開通し、最高時速約130kmを誇る。5路線6系統があり、対岸のイースト・ベイとは海底トンネルで結ばれている。

◯料金
区間ごとに料金が異なり$2.15～17.60。料金は券売機で確認できる。POWELL ST.駅から空港へは$10、バークレーへは$4.50。チケットはプリペイド式で、利用分だけ残高から引かれる。

◯運行時間
5～24時。土曜は6時～、日曜は8時～。朝夕の通勤時間帯はかなり混雑するので利用は避けたほうが無難。

●主な路線
観光客に便利なのはサンフランシスコ国際空港～ダウンタウン～バークレーを結ぶリッチモンド～デイリー・シティ-ミルブレー線。

 注意ポイント

・ミュニメトロやミュニバスとの相互乗り換えはできないので注意。
・ダウンタウンではミュニメトロと同じ場所に駅があるので改札を間違えないように。

郊外を結ぶカルトレイン

サンフランシスコとシリコン・バレーの中心地であるサンノゼを結ぶ鉄道。主に通勤の足として使われており、所要時間は1時間～1時間40分。カルトレインのSAN FRANCISCO駅はミュニメトロN・T線4TH & KING STATION駅から歩いてすぐ。

◯料金とシステム
料金はゾーン制で1ゾーン$3.75～6ゾーン$15。片道の倍の料金で1日パスも用意されている。チケットは駅構内の券売機か窓口で購入する。改札はないのでそのまま列車に乗り、車内で車掌が検札に来た際に提示すればいい。大きな荷物がある場合はLuggage Carへ。列車は、平日はほぼ30分に1本、週末はほぼ1時間に1本程度運行している。

●乗ってみよう

1 駅を探す
郊外では地上を走るが市内中心部では地下に駅がある。入口はミュニメトロと同じで、地下で乗り場が分かれている。

↑baがバートのマーク

2 チケットを購入しホームへ
券売機は改札近くにある。料金表で料金を確認。お金を投入して購入額を決定したら「Print」ボタンを押すとチケットが出てくる。自動改札ではスロットにチケットを通すとゲートが開く。チケットをピックアップしたらホームへ。

クレジットカードでの支払いもできる

チケットの→スロットは手前の改札にチケットを通す

3 乗車する
ホームには電光掲示板があり、次に入線する列車の行き先が表示されている。車内では次の停車駅のアナウンスもある。

↑ホームの電光掲示板。さまざまな行き先があるのでしっかり確認を

4 降車して改札を通る
改札では残額があればチケットが出てくるが、残額がなければ回収される。料金の不足がある場合は、改札横の精算機で不足分をチャージする。

バート路線図

PITTSBURG / BAY POINT ピッツバーグ／ベイ・ポイント
NORTH CONCORD / MARTINEZ
RICHMOND リッチモンド
CONCORD
EL CERRITO DEL NORTE
EL CERRITO PLAZA
NORTH BERKELEY
PLEASANT HILL / CONTRA COSTA CENTRE
WALNUT CREEK
DOWNTOWN BERKELEY
LAFAYETTE
ORINDA
EMBARCADERO
MONTGOMERY ST.
POWELL ST.
ASHBY
MAC ARTHUR
ROCKRIDGE
19TH ST / OAKLAND
12TH ST. / OAKLAND CITY CENTER
CIVIC CENTER
UN PLAZA
16TH ST. MISSION
24TH ST. MISSION
WEST OAKLAND
LAKE MERRITT
FRUITVALE
COLISEUM
DUBLIN / PLEASANTON ダブリン／プリーザントン
DALY CITY
GLEN PARK
BALBOA PARK
オークランド国際空港(OAK)
SAN LEANDRO
BAY FAIR
CASTRO VALLEY
WEST DUBLIN / PLEASANTON
COLMA
サンフランシスコ国際空港(SFO)
HAYWARD
SOUTH HAYWARD
UNION CITY
MILLBRAE ミルブレー
SAN BRUNO
SOUTH SAN FRANCISCO
WARM SPRING / SOUTH FREMONT ウォーム・スプリング／サウス・フレモント
FREMONT

━━ リッチモンド～デイリー・シティ-ミルブレー Richmond ～ Daly City ～ Millbrae
‥‥ 点線部分は月～金曜21時まで運行
━━ ピッツバーグ／ベイ・ポイント～SFO-ミルブレー Pittsburg/Bay Point ～ SFO ～ Millbrae
‥‥ 点線部分は月～金曜21時以降及び週末運行
━━ ダブリン／プリーザントン～デイリー・シティ Dublin/Pleasanton ～ Daly City
━━ フレモント～デイリー・シティ Fremont ～ Daly City
‥‥ 点線部分は月～金曜18時まで運行
━━ フレモント～リッチモンド Fremont ～ Richmond
‥‥ 点線部分は月～金曜18時以降及び週末運行
━━ コリシアム～オークランド国際空港 Coliseum ～ OAK

⭕ フェリー Ferry

アルカトラズ島行きやサンフランシスコ湾周遊などの観光クルーズだけでなく、市民の足としてフェリーが利用されている。主なターミナルはピア41とフェリー・ビルディング。

● 主な航路と料金

ピア41～サウサリート
片道$14.25　1日5便運航
ブルー＆ゴールド・フリート
URL www.blueandgoldfleet.com/

フェリー・ビルディング～サウサリート
片道$14　1日7便運航
ゴールデン・ゲート・フェリー
URL goldengate.org/

● 乗ってみよう

1 チケットを買う
乗り場には15分前までには到着しておきたい。乗り場付近にチケット窓口や券売機があれば、乗船前に購入しておくとスムーズ。乗船時に支払うこともできる。

↑サウサリートにあるゴールデン・ゲート・フェリーの券売機

2 乗船する
乗船の準備ができたら案内に従って乗船する。自転車を積み込む場合は専用のレーンに並んでおこう。

↑サウサリートのターミナル

3 下船する
船内にはデッキとキャビンがあるので好みの場所を陣取ろう。売店も備えられており、飲み物や簡単な食事も注文できる。

↑天気がよければデッキが気持ちいい

⭕ タクシー Taxi

荷物が多いときやグループでの移動ならタクシーがおすすめ。ただし、ユニオン・スクエア周辺などの中心部以外では、流しのタクシーを拾うのは難しい。深夜や早朝など、人通りが少ないときもタクシーを利用したほうが安心だ。

○料金とシステム

最初の1/5マイル（＝約300m）は$4.15。以降1/5マイルごと、または1分ごとに$0.65。空港発の場合は$5.5が加算される。これらの料金に加えて15～20%のチップが必要。

● 主なタクシー会社

Luxor Cabs　　(415)282-4141
Yellow Cab　　(415)333-3333

● 乗ってみよう

1 タクシーを探す
流しのタクシーは、街なかでは拾いにくい。大きなホテル前などのタクシー乗り場から乗車するか、ホテル、レストランなどで呼んでもらうのが確実。

↑空港のタクシー乗り場

2 乗車する
屋根の上のランプが点灯しているのが空車のサイン。ドアは自分で開けて乗車する。行き先は言葉に不安があれば紙に書いて渡そう。

↑広告付きの屋根ランプも増えている

3 降車する
メーター料金に15～20%程度のチップを上乗せした額を支払う。ほとんどのタクシーでクレジットカードが利用可能。ドアは自分で開閉する。

⭕ レンタカー Rent a Car

サンフランシスコ市内は、一方通行が多くて運転しづらく駐車場も少ないので市内観光だけなら効率は悪い。ナパ・バレーなど郊外への移動や、市街周辺のみどころをまわる際には重宝する。ダウンタウンのホテルの駐車場はかなり割高なので事前にチェックしておこう。

● 主なレンタカー会社

大手レンタカー会社ではウェブ予約可能。日本で予約しておくのが確実。
アラモレンタカー　Alamo　　Alamo.jp/
ハーツレンタカー　Hertz　　hertz-japan.com/
エイビスレンタカー　Avis　　avis-japan.com/

❗ 注意ポイント

・国際免許証だけでなく日本の免許証も持参する。
・急坂で駐車する際には縁石で止まるようにハンドルを切った状態で。
・下り坂ではスピードの出し過ぎに注意。坂の頂上付近では見通しが悪いので徐行する。
・ケーブルカーの路線ではケーブルカー優先。停留所では交差点の中央に停車するので、路線を走るときや横切るとき時は十分に注意が必要。

↑坂道対策を忘れずに

↑停車中のケーブルカー

オプショナルツアー

滞在日数が限られた旅行者でも、無駄な時間や手間を省いて効率よくみどころをまわることができるのが、JTBの現地発着ガイド付きツアー。日本語ガイド付きも多いので言葉の不安も少ない。

ルックアメリカンツアー
Look American Tours JTB USA Inc.

DATA 日本語対応ダイヤル ☎212-424-0800
米国国内フリーダイヤル ☎1-800-566-5582
時6〜14時 ※米国西海岸標準時間 休土・日曜、祝日
E-mail：look@jtbusa.com
URL www.looktour.net ※オンライン予約可
①出発時間 ②所要時間 ③催行日 ④料金 ⑤催行人数
⑥日本語ガイド

もりだくさんサンフランシスコ市内1日観光

もりだくさんな内容で坂の街を堪能する、充実度たっぷりの市内観光ツアー。これ一つでサンフランシスコが十分わかる。

①8時発 ②約8時間 ③毎日(7/4、11/23、12/25、1/1を除く)
④$180 ⑤2名〜 ⑥あり

カニ・ナイトと夜景ツアー

サンフランシスコ名物、フィッシャーマンズ・ワーフのレストランで、カニはもちろん濃厚クラムチャウダーなどを食べたあとは、トレジャー・アイランドから夜景観賞へご案内。

①19時発 ②約3時間30分 ③毎日(7/4、11/23、12/24、12/25、1/1を除く) ④$265 ⑤2名〜 ⑥あり

アルカトラズ島
半日観光(午前／午後)

サンフランシスコ湾に浮かぶ監獄島をフェリーで訪れる。日本語案内オーディオに従ってかつての刑務所を見学。フェリーチケットの手配が必要なため、早目に申込みを。

①7時30分発／12時発 ②約4時間 ③毎日(7/4、11/23、12/25、1/1を除く) ④$95 ⑤2名〜 ⑥あり※アルカトラズ島では日本語オーディオ

ヨセミテ国立公園　1日観光

人気の高い国立公園ヨセミテを巡るツアー。ヨセミテ滝、ハーフ・ドーム、エル・キャピタンなど、雄大な自然の造形美に大感動！昼食付き。

①7時30分発 ②約12時間 ③日・月・水〜金曜(期間によって毎日催行日あり) ④$350 ⑤3名〜 ⑥あり

ヨセミテ国立公園・エクスプレス2日間
(公園内アワニー宿泊コース)

ヨセミテ国立公園内のアワニーホテルに宿泊する1泊2日のツアー。1日目は日本語ガイドツアーでヨセミテ国立公園を見学し、2日目はフリータイムになっている。

①7時30分発 ②1泊2日 ③日・木曜(期間によって毎日催行日あり) ④$1112 ⑤3名〜 ⑥あり

世界最先端のハイテク企業が集まる街、
シリコンバレーツアー

ITや起業に興味のある学生必見！生のシリコンバレーを体感してみよう！シリコンバレーにはApple、Google、HPなど世界の名だたる超一流IT企業の本社が集結。

①8時発 ②約9時間 ③毎日(米国祝日を除く) ④$250〜⑤2名〜 ⑥あり

【専用車でご案内】
ワイナリープライベート観光(ナパ／ソノマ)

9人まで利用可能な専用車チャーターでナパとソノマの希望のワイナリーを巡るツアー。ワイナリーに精通した専門ガイドが好みに合わせて日本語で案内してくれる。

①8時30分発 ②約9時間 ③毎日(7/4、11/23、12/25、12/31、1/1、ワインイベント日を除く) ④$925〜 ⑤1名〜 ⑥あり

ベイクルーズ半日観光とショッピング

サンフランシスコ湾をクルーズし、ゴールデン・ゲート・ブリッジやアルカトラズ島を間近に見ることができる。

①12時発 ②約4時間30分 ③毎日(7/4、11/23、12/25、1/1を除く) ④$90 ⑤2名〜 ⑥あり

注意事項 ※2023年7月現在のツアー内容・料金です。出発時間は集合時間によって多少前後します。※ツアーはすべて予約が必要。特記のあるツアー以外は前日の12時(余裕をもって催行2日前)までの申込みをおすすめします。詳しくは申込み問合先へお問い合わせください。

Lala Citta Los Angeles & San Francisco

Topic 1

トラベルインフォメーション

Travel Information

出発前の知識や現地での注意点など、

旅に役立つ情報を事前にチェック。

不安要素を解消して、快適な旅を過ごそう。

アメリカ出入国の流れ

**大事な出入国情報は旅行が決まったら
すぐにチェック! 万全の準備で空港へ。**

⭕ アメリカ入国

① 到着 Arrival

空港に着いたら、到着(Arrival)の表示に従ってメインターミナルへ移動する。

② 入国審査場へ

観光目的の入国なら「非居住者・非米国市民(Non-resident/Non-US Citizens)」の列へ。列に並んでいる際は携帯電話の使用は禁止。到着便が重なる日中の時間帯は長蛇の列になるため、事前にお手洗いなどは済ませておくとよい。

③ 入国審査 Immigration

①パスポート、ESTAの渡航用認証画面のプリントまたは渡航認証番号の控え、復路または次の目的地への航空券を用意。
②外国人専用のカウンターで入国目的、滞在期間、宿泊先などの質問に答える。税関申告が必要なものがあれば、ここで申告。
③アメリカへの渡航が初めての場合は、指紋採取と顔写真の撮影が行われ審査は終了となる。

④ 荷物受取所 Baggage Claim

自分が乗ってきた飛行機の便名が表示されたターンテーブルで荷物が出てくるのを待つ。もしも荷物に破損があったり、出てこなかった場合は荷物引換証(Claim Tag)を航空会社の係員に見せてその旨を伝える。通常、荷物引換証は航空券の裏に貼られている。

⑤ 到着ロビー Arrival Lobby

観光案内所、両替所などがある。両替は日本で行うのがおすすめ。

⭕ 日本出国時の注意点

●アメリカの入国条件

出発の10日～1カ月前までにチェック

○パスポートの残存有効期間
入国時に90日以上必要。
○ビザ免除プログラムの利用条件
ESTAにより渡航認証がされていること。商用・観光または通過目的の90日以内の滞在であること。日本のEパスポート(IC旅券)、往復または次の目的地までの航空券、乗船券を所持していること(eチケットの場合は旅程確認書)。
※上記以外の場合は在日米国大使館と領事館のウェブサイトで確認を。[URL]jp.usembassy.gov/ja/visas-ja/
※2011年3月以降にイラン、イラク、北朝鮮、スーダン、シリア、リビア、ソマリア、イエメン、2021年1月12日以降にキューバへの渡航・滞在歴がある等の場合はビザ取得が必要(一部免除あり)。

●入国審査に役立つ英語

●パスポートを見せてください。
May I see your passport?

●旅行の目的はなんですか?
What's the purpose of your visit?

●どこに泊まりますか?
Where do you stay?

●滞在期間はどれくらいですか?
How long will you be staying?

●申告するものはありますか?
Do you have anything to declare?

●食べ物は持っていますか?
Do you have any food?

●入国管理 Immigration	●申告 Declaration	
●入国審査 Passport Control	●税関 Customs	
	●検疫 Quarantine	

●アメリカ入国時の制限

○申告対象品目
現金…持ち込み、持ち出しは無制限。ただし、$1万相当以上の額の場合、申告が必要。
みやげ品$100相当以上は申告が必要。
○主な免税範囲
アルコール飲料約1ℓまで。たばこ200本、または葉巻100本まで
※酒類・たばこの持込みはいずれも21歳以上。
○主な持込み禁止品
肉および肉製品(エキス、即席麺なども含む)、わいせつ物、銃器、動植物、種子、土など。果物、野菜はすべて検疫の対象であり、持込み禁止品も多いため、所持しないのが無難。

旅行が決まったら準備

●ESTA(電子渡航認証システム)

ビザ(査証)を取得せずに、アメリカへ商用・観光または通過目的の90日以内の滞在で入国する場合、「ESTA」の申請が必要。費用は$21で、支払いは、指定のクレジットカードまたはデビットカードで行う。現在、マスターカード、VISA、アメリカン・エキスプレス、ディスカバー(JCB、ダイナースクラブ)、ペイパルが利用可能。遅くとも渡航の72時間前までに取得しておこう。一度認証されると2年間有効(2年以内にパスポートが失効する場合はパスポートの有効期限まで)。申請はESTAのウェブサイト[URL]esta.cbp.dhs.gov/上で可能。

注意事項 ESTAの申請後、入国時に確認を求められることはないが、心配なら領収書をプリントしてパスポートと一緒に保管しておくと安心。

◯ アメリカ出国

❶ チェックイン Check-in

出発時間の2～3時間前には空港へ着くように。まず搭乗する航空会社のカウンターで、預ける荷物のセキュリティチェック。航空券(またはeチケット控え)とパスポートを提示し、荷物を預けて搭乗券と荷物引換証(クレーム・タグ)を受け取る。ほとんどの航空会社が自動チェックイン機を導入している。近年では不用意に身がわからない荷物を預かり、麻薬などを運ばれるという事件が起きている。重罰になるケースもあるので、不審な荷物は受け取ったり、さわったりしないように。
※預け入れ荷物は施錠しないこと。TSAロックは施錠可。

❷ 手荷物検査 Security Check

パスポートと搭乗券を係員に提示。機内持込み荷物はすべてX線検査機へ通し、ボディチェックも受ける。上着と靴を脱ぎ、トレーに入れる必要がある。金属類は事前に外しておこう。

❸ 搭乗 Boarding

出発フロアはとても広く飲食店や免税店が多い。必ず自分が乗る便の搭乗ゲートの位置を確認し、出発の30分前には待合所にいるようにしよう。搭乗の際に、係員がパスポートを確認するので準備しておこう。

◯ アクセスガイド

◯日本からの直行便

直行便は、成田国際空港から日本航空、全日空、ユナイテッド航空、アメリカン航空、シンガポール航空、ZIPAIRなどが運航。羽田空港から日本航空、全日空、デルタ航空、アメリカン航空などが運航。関西国際空港から日本航空が運航。各便共同運航あり(2023年7月現在)。

●TSAロックについて

TSAロックはアメリカ運輸保安局 TSA(Transportation Security Administration)によって認可・容認されたロックのこと。セキュリティチェックが最も厳しいアメリカであっても、鍵をかけたまま航空会社に預けることができる。「ロックしないで預けるのが不安」という人におすすめで、搭載されたスーツケースやベルトが販売されている。

●外務省 海外安全情報配信サービス「たびレジ」

旅行前に登録すれば、渡航先の最新安全情報や緊急時の現地大使館・総領事館からの安否確認、必要な支援を受けることができる。
URL www.ezairyu.mofa.go.jp/

◯ 日本入国時の制限

日本帰国時の税関で、機内や税関前にある「携帯品・別送品申告書」を提出する(家族は代表者のみ)。

●主な免税範囲

酒類	3本(1本760mℓ程度)
たばこ	1種類の場合、紙巻200本、葉巻50本、その他250g。2種類以上の持込みは換算して250gまで。日本製と外国製の区別はない。加熱式たばこのみの場合は、個包装等10個(1箱あたりの数量は紙巻きたばこ20本に相当する量)まで。
香水	2オンス(約56mℓ、オーデコロン・オードトワレは除外)
その他	1品目ごとの海外市価合計額が1万円以下のもの全量、海外市価合計額20万円まで

●主な輸入禁止品と輸入制限品

◯輸入禁止品
麻薬類、銃砲類、わいせつ物、偽造ブランド品、土つきの植物など
◯輸入制限品
ワシントン条約で規制されている動植物や物品(象牙、ラン、ワニ革、ヘビ革など)。一般的な観光日程での輸入手続きは困難。果実、切り花、野菜、肉類(乾燥肉、ハム、ソーセージなど含む)など植物防疫法・家畜伝染病予防法で定められた物品は、検査証明書を添付して動植物検疫カウンターで検疫を受ける必要がある。化粧品などは数量制限あり。

●荷物の注意点

◯持込み
ナイフやハサミ、工具などの凶器類、一部の高圧ガススプレーは機内持込みができない。なお、引火性のある日用・スポーツ用スプレーや、ライター用燃料、花火といった危険物は預け入れも持込みも禁止されている。
◯預け入れ
預け入れが可能な荷物の大きさや重さ、個数の制限は利用する航空会社によって異なるので、事前に各航空会社の公式HPなどで要確認。スマートフォンやノートパソコンなどの電子機器の予備電池や喫煙用ライター、電子たばこは預け入れ禁止なので、機内持込み手荷物に入れるのを忘れずに(種類によっては持込みも不可)。
◯液体物の機内持込み制限
機内持込み手荷物に100mℓ以上の液体物が入っていると、出国時の荷物検査で没収となるので注意。100mℓ以下の容器に入れ、ジッパーのついた1ℓ以下の透明プラスチック製袋に入れて持ち込める。詳細は国土交通省のウェブサイト URL www.mlit.go.jp/koku/15_bf_000006.html参照。

●Visit Japan Webサービス

日本入国・帰国手続きに必要な「入国審査」「税関申告」をWeb上で行うことができるサービス。日本出国前の余裕があるときにメールアドレスでアカウントを作成し、パスポートを読み取って同伴する家族などの利用情報や入国・帰国のスケジュールを登録しておくと、帰国時の税関申告の手続きがスムーズになる。

ロサンゼルス国際空港から市内中心部への交通

⭕ ロサンゼルス国際空港
Los Angeles International Airport

別冊 MAP P2A4

1〜8のターミナルとトム・ブラッドレー国際ターミナルの9つのターミナルに分かれている。どのターミナルも1階が到着、2階が出発フロア。ショップやレストラン施設も充実している。

●空港内の主な施設

○ビジターセンター
ビジターセンターはトム・ブラッドレー国際ターミナルに。また、タッチパネル式インフォメーションもターミナル出口付近に設置されている。空港内の施設、市内の各種交通情報、ホテル、フライト情報などが検索できる。

○両替所／ATM
各ターミナルに両替所、ATMがあるが、空港のレートはよくない。日本を出発する前に両替しておきたい。市内へ出るまでの交通費など当面必要な分だけに。

●主な航空会社の国際線ターミナル

全日空、日本航空などの外国系航空会社はトム・ブラッドレー国際ターミナルに発着。ユナイテッド航空はターミナル6〜8、デルタ航空はターミナル5に発着するケースが多い。コードシェア便を利用する場合はとくに注意しよう。

●ターミナル間の移動は

LAXシャトル・エアライン・コネクション
空港内各ターミナル、駐車場、最寄り駅、バスターミナル間などを無料で巡回しているバス。A、C、G、Eの4路線ある。バスのフロント部分に表示されているアルファベットの路線番号を確認してから乗車すること。タクシーやUberなどの配車アプリを使用する場合は、専用乗り場「Lax-it」行きの緑の無料バスに乗車。

交通機関		特徴	料金（片道）	Webアドレス・連絡先
	APM（Automated People Mover）	2024年開業予定の自動運転シャトル。空港内の中央ターミナル3駅とレンタカーセンター、駐車場、地下鉄の6駅を結ぶ。2024年後半にメトロKラインのLAX/METRO TRANSIT CENTER駅とも直結予定。	無料	
	フライアウェイ	空港からUNION STATION駅、ヴァンナイス空港までの2路線をノンストップで走る。UNION STATION駅までは、5時40分〜翌1時40分の間30分おきに運行し、所要時間は約30〜60分。	片道$9.75	フライアウェイ 1 (866) 435-9529 www.flylax.com/flyaway-bus
	メトロレイル（地下鉄）	空港の最寄り駅であるメトロCラインAVIATION/LAX駅まではシャトルバスで移動。ダウンタウン方面へはWILLOWBROOK/ROSA PARKS駅でメトロAラインに乗り換え。夜間の利用は治安の悪いエリアを走るので注意。	ダウンタウンまで約1時間40分 $1.75	MTA 1 (800) 266-6883 www.metro.net
	タクシー	タクシー乗り場はターミナル1に隣接する空港外のLax-it、ターミナル3と国際線ターミナル間の駐車場3番内、ターミナル7の外の3カ所。24時間運行。ダウンタウンまで約30分。	ダウンタウンまで30分〜1時間約$50〜60 料金の15%程度のチップを加算して支払う	Yellowcab Co. (866) 777-7213

プチ情報 LAXシャトル・エアライン・コネクションのA線は各ターミナル間を巡回、E線はエコノミーパーキング、LAXシティ・バス・センターへ、G線はメトログリーンラインAVIATION/LAX駅へ向かう。

サンフランシスコ国際空港から市内中心部への交通

○ サンフランシスコ国際空港
San Francisco International Airport

別冊
MAP
P13B2

日本からの直行便が到着するのはサンフランシスコ国際空港で、国内線ターミナルの1～3と国際線ターミナルAとGからなる。そのほか、サンフランシスコ周辺には2つの空港がある。

●空港内の主な施設

○観光・交通案内所
市内や近郊都市への交通手段、料金、時間に関する案内のほか、チケット販売している。ブースの周辺に観光パンフレットが置いてある。
○両替所／ATM
各ターミナルに両替所、ATMがあるが空港はレートがよくない。
○インターネットセンター
各ターミナルでインターネットを利用できる。無線LANを利用できるアクセスポイントもある。
○エアポート・トラベル・エージェンシー
ホテルや観光予約、荷物の一時預かりなどが可能。

●主な航空会社の国際線ターミナル

日本からの直行便が到着するのは国際線ターミナル。日本航空はコンコースA、全日空とユナイテッド航空はコンコースGに発着。到着は2階、出発は3階。

●ターミナル間の移動はエアトレイン

空港内の各ターミナルや駐車場、レンタカー・センターなどへ一方向に循環するブルー・ラインと、各ターミナルと駐車場へ一方向に循環するレッド・ラインの2本のエアトレインが走っている。24時間運行しており、料金は無料。
エアトレインGARAGEG/BARTでバートに乗りMILLBRAE駅へ。MILLBRAE駅でカル・トレインに乗り換えて、サンノゼまで約1時間。

交通機関		特徴	料金（片道）	Webアドレス・連絡先
	バート	サンフランシスコとベイエリア各地を結ぶ高速鉄道。エアトレインとは「GARAGEG/ BART」で接続している。空港発5時～24時ごろ（土曜は6時～、日曜、祝日は8時～）。POWELL駅まで約25分	POWELL ST.駅まで $10	Bay Area Rapid Transit（BART）(510) 465-2278 www.bart.gov/
	路線バス	料金の安さは魅力だが大きな荷物が持ち込めないのが難点。1階ターミナルからサムトランス・バスが市内中心部まで運行。運行は5時～翌2時ごろ。セールスフォース・トランジット・センターまで1時間前後。	$2.25 サンフランシスコ外は $4.50	SamTrans 1 (800) 660-4287 www.Samtrans. com
	タクシー	空港から15マイル（約24km）以上走る場合は、タクシー会社によってはメーター料金の1.5倍を支払う。7時～翌2時頃運行。市内中心部まで20～30分	約$50～60 料金の15%程度のチップを加算して支払う	Yellow Cab (415) 333-3333 DeSoto Cab (915) 777-7777

プチ情報　サンフランシスコ周辺にはオークランド国際空港（OAK）とサンノゼ国際空港（SJC）がある。

旅のキホン

世界各国から人が集まる西海岸の中心都市ロサンゼルスとサンフランシスコ。雑多な文化や習慣が入り交じっているので、基本的なルールやマナーは事前にしっかりとチェックしておこう。

◯ お金のこと

アメリカの通貨単位はドル($)。レートは変動相場制で、$1は100セント(¢)になる。また紙幣、貨幣ともに6種類あり、紙幣は偽造対策で順にデザインを変更している。現金は必要最低限の額を持参しよう。

$1≒146円

(2023年9月現在)

どの紙幣もサイズが同じなので、使用するときは要注意。硬貨は1、5、10、25¢で、それぞれペニー、ニッケル、ダイム、クォーターとよばれる。50¢と$1の貨幣もある。チップとしてよく使う$1紙幣は常に用意しておいたほうが便利。現金のほかにはクレジットカード、国際デビット、トラベルプリペイドカードなどがあるので、自分のスタイルに合ったカードを選ぼう。

$1

$5

$10

$20

$50

$100

1¢
ペニー

5¢
ニッケル

10¢
ダイム

25¢
クォーター

● 両替

両替できる場所は多いので日本円の現金だけ持って行っても困ることはない。民間の両替所、ホテルなどで両替できるが、レートや手数料がまちまちなので、できるだけ有利な場所を選ぼう。街なかの銀行は口座を持っていないと両替してもらえないことがほとんどなので注意。

日本の銀行	両替所・ホテル	ATM
レートがいい	**数は多くなく、割高**	**簡単で便利**
必要と思われる現金は日本の銀行で両替しておくのがいちばん有利。間に合わなければ、出発前に空港の銀行で必要分を両替しておこう。	数は多くないため、探すのが大変。営業時間は長いので便利に使えるが、空港の両替所やホテルはレートや手数料が割高。街なかの両替所のレートは比較的よい。	クレジットカードや国際キャッシュカードで現金を引き出せる。いたるところに設置されており24時間利用できるので、いざというときにも便利。

クレジットカード & ATM

クレジットカードはレストランやデパートなどたいていの店で使え、ホテルなどでデポジットとして提示を求められるため必ず1枚は用意しておこう。キャッシング機能付きクレジットカードなら、ATMの利用で必要な分だけドルを引き出すことができる(手数料はカード会社による)。

ATMお役立ち英単語集

暗証番号…PIN NUMBER
確認…ENTER/OK/YES
取消…CANCEL
取引…TRANSACTION
現金引出…WITHDRAWAL
金額…AMOUNT

プチ情報 両替には1回につき手数料がかかるので計画的に両替するようにしよう。

◯ 電話のかけ方

●ホテルの客室からかける場合…最初に外線専用番号を押し、その後に続けて相手先の電話番号をダイヤルする。
外線専用番号は、各ホテルの客室に置いてある案内書を参照。
●自分の携帯電話からかける場合…機種や契約によってかけ方や料金体系がさまざま。日本出国前に確認しておこう。

●アメリカ→日本

011（アメリカの国際電話識別番号）**−81**（日本の国番号）**−相手の電話番号**（市外局番の最初の0はとる）

●日本→アメリカ　マイラインやマイラインプラスに登録している場合は電話会社の識別番号不要。

電話会社の識別番号（※1）**−010−1**（アメリカの国番号）**−相手先の市外局番−相手の電話番号**

※1　未登録の場合。KDDI…001、NTTコミュニケーションズ…0033、ソフトバンク…0061（2024年以降順次終了予定）

●ロサンゼルス、サンフランシスコ市内通話

1（アメリカの国番号）**−相手先の市外局番に続いて電話番号をそのまま押せばよい。**
ホテルの客室からかける場合は、先に外線番号（ホテルにより異なる）**をダイヤルする。**

◯ インターネット事情

●街なかで

マクドナルドやスターバックスなど無料で無線LANが使える場所は多いので、スマートフォンやタブレットPCなどを持参すると便利。特に大都市では、美術館内などの観光名所や地下鉄駅など使える場所が多いので、インターネットに接続したい場合はまずは電波を探してみるといいだろう。

●ホテルで

ロサンゼルスやサンフランシスコのホテルではほとんどの客室で無線LANによるインターネットの利用が可能。無線LANの場合はパスワードが必要なので、チェックインの際にSSIDとパスワードを確認しておこう。また、ホテルによっては、ロビーやビジネスセンターなどに宿泊客が利用できる端末を設置している場合もある。客室で利用する場合には料金はホテルによって異なるため、予約時に確認しておこう。ロビーなどの公共スペースは無料で利用できるところが増えている。

◯ 郵便・小包の送り方

●郵便

切手は郵便局のほか、ホテルのフロントやドラッグストアなどで購入できる。日本へ送る場合、宛先は「JAPAN」「AIR MAIL」のみローマ字で書いておけばあとは日本語で大丈夫。投函は「US MAIL」と書かれた青色のポストか、ホテルのフロントに頼むとよい。小包は郵便局に直接持ち込む。内容や重量を記した送付状を提出し、内容物を明記したグリーンラベルを貼る。配達の期間が1〜3営業日や3〜5営業日のプランもある。
アメリカ合衆国郵便公社　United States Postal Service　URL www.usps.com（英語）

アメリカから日本へ送る場合の目安

内容	重量とサイズ	料金
ハガキ、封書	1オンス（約28g）まで	$1.50
定額小包※ （Large Flat Rate Box）	約30×30.5×14cm（内寸）の箱に20ポンド（約9kg）まで	$121.30

※定額小包は6〜10営業日で届くPriority Mailを使用した場合の料金

●宅配便

通常の航空便より到着が早く、万が一、荷物が紛失した場合でも運送会社が補償してくれるのがメリット。中級以上のホテルであれば運送会社のスタッフが荷物を引き取りに来てくれる（料金や品物によっては補償なしの場合あり）。
FedEx ☎1（800）463-3339　UPS ☎1（800）742-5877　米国ヤマト運輸 ☎1（877）582-7246

プチ情報　プライオリティ・メール・フラットレートは約1.8kgまでの小サイズ$46.50、封筒（約1.8kgまで）$44.80、中サイズ（約9kgまで）は$96.40。箱は無料で郵便局で手に入る。

● その他　基本情報

● 水道水は飲める？

水道水はそのまま飲んでも基本的には問題ないが、慣れない人や不安な人はミネラルウォーターがおすすめ。ベンダーやデリ、ドラッグストア、スーパーマーケットなどで購入できる。

● トイレに行きたくなったら

街なかに公衆トイレはほとんど見かけないので、ホテルやデパートのトイレを利用しよう。ファストフード店のトイレは基本的にはお客さん専用なので、緊急時にはドリンクなどを購入してから利用したい。

デパートやショッピングモールのトイレは使いやすい

● プラグと変圧器が必要です

アメリカの電圧は通常120V。日本の電圧は100Vなので、日本の電化製品もそのまま使用できる。ただし、長期間の使用は避けたい。最近は変圧器内蔵型の海外用電気製品が売られているのでそれを持参するのもあり。プラグは2本式が主流。

Aタイプ

● ビジネスアワーはこちら

一般的な営業時間帯。美術館や博物館は週に1日、遅くまで開館する日を設けているところがある。

ショップ	時	10〜19時
レストラン	時	12〜14時、18〜22時
デパート	時	10〜20時
銀行	時	9〜17時 休土・日曜

※店舗によって異なる

● たばこ

喫煙マナーは日本より厳しく、ホテル、レストラン、バー、空港など公共の場所では禁煙となっている。ホテルの客室も全室禁煙のところが増えてきている。街なかで歩きたばこの人を見かけることもあるが、「Smoke Free」と書かれている場所以外は禁煙となっている。たばこに課せられている税率も高い。

● 階数表示

ホテルやデパートなどの階数表示は1階が1st Floor、2階が2nd Floorというように日本と同じ。地下1階は1st Basementで1Bと表記される。ホテルのエレベーターではロビー階は「L」ボタンで示されることが多い。

● サイズ

○レディスファッション

日本	衣料	7	9	11	13	15
アメリカ		4	6	8	10	12
日本	靴	22	23	24	25	-
アメリカ		5	6	7	8	-

○メンズファッション

日本	衣料	36	38	40	42	43
アメリカ		14	15	16	16 1/2	17
日本	靴	25	26	27	28	-
アメリカ		7	8	9	10	-

※上記サイズはあくまでも目安。メーカーによっても差があるので購入の際には試着等で確認を。

● アメリカの物価

ミネラルウォーター（500ml）$2〜3前後	マクドナルドのハンバーガー$3前後	スターバックス・コーヒーのブレンドコーヒー（S）$3前後	生ビール（ジョッキ）$6〜	タクシー初乗り$3.10〜

プチ情報　海外では日本の携帯電話を使うことも可能。ただし通話料金や接続料金が割高になるので、利用する際には注意が必要。利用可能な機種や使い方は、各電話会社に確認を。

⚪ シチュエーション別基本情報

● 観光

○ アドバイス
荷物はコンパクトにまとめ、履き慣れた靴で移動しよう。出発前に目的地までの交通を調べておくと効率的だ。特にバスは遅れることが多いので時間に余裕をもって行動を。夕方以降は人通りが少なくなり、治安のよくないエリアもあるので要注意。

○ ミュージアムでは荷物は預ける
ミュージアムなどでは安全のために、大きめの荷物はクロークに預けるように指示されることがある。貴重品は身に付けておきたいので、ポーチなどがあると便利。

○ 住所の読み方
住所はすべて番地、ストリート名、地域、ZIP CODE（郵便番号）の順に表記される。読み方がわかれば、住所から簡単にその場所を見つけることができる。

○ 写真撮影禁止の場所
クラブやバー、ミュージアムなどでは写真撮影を禁止しているところがある。ただし、フラッシュを使用しなければ撮影OKという場所もあるので確認しよう。

● グルメ

○ 営業時間と予約
ランチタイムは11時〜14時30分、ディナータイムは17〜22時が一般的だが、有名シェフの店はディナータイムのみの営業が多い。人気のレストランや、特別なリクエストがある場合は早めの予約を。ホテル内なら、コンシェルジュを通して予約できる。オンライン予約も一般的。

○ 注文と支払い
レストランでは、注文は席に着いてからテーブルで行うのが基本。テーブルによって担当スタッフが決まっているので、オーダーは同じ人に頼むのが一般的だ。支払いも担当スタッフを呼んでテーブルで行う。

○ おすすめ料理
ロサンゼルス
移住者が多いことから、ファストフードからセレブ御用達のレストランまで、世界各国の料理が味わえる。なかでも充実しているのがメキシコ料理。ほかの料理に比べてリーズナブルながら、味は本格的。
サンフランシスコ
シーフードがおすすめ。専門店などでは気軽に生ガキが味わえる。アメリカ最大規模のチャイナタウンがあり、本格的な中国料理はもちろん点心も楽しめる。

● ショッピング

○ 店の種類とエリア
一流ブランドショップならビバリーヒルズやユニオン・スクエア、個性派ファッションはメルローズやヘイト・ストリート、アウトレットは郊外などエリアの個性を把握し、そこを目指そう。

○ 営業時間
ショップの営業時間は、平日10〜19時が一般的だが、エリアや店により若干異なる。ショッピングセンター、デパート、アウトレットなどは21時ごろまで、ドラックストアは早朝から深夜まで営業している。また、年中無休の店であっても日曜は営業時間を短縮したり、開店時間を遅くすることが多い。

○ セールス・タックス
買い物の際には売上税（Sales Tax）が加算される。税率は州、郡や市、都市により異なり、2023年7月現在、ロサンゼルス郡9.50%、サンフランシスコ郡8.625%。

○ 試着
洋服は試着してからの購入がおすすめ。試着の際は店員に「Can I try this one on?」と聞いてから。店によっては試着室に勝手に入れないように鍵がかかっている。

● ホテル

○ チェックイン／アウト
チェックインは15時以降、チェックアウトは11時または12時が一般的。早く到着した場合、客室が空いていればキーをもらえることもある。無理な場合は荷物だけ先に預けておこう。

○ ホテル・タックス
アメリカで宿泊施設を利用する際には、宿泊代のほかに宿泊税（Hotel Tax）を支払わなければならない。税率はエリアによって異なり、ロサンゼルスは約15.5%、サンフランシスコは約14%。税金とは別にアメニティ・フィーを請求するホテルも増えている。

○ 日本語放送テレビ
主なホテルではNHKの番組を見ることができる。ニュースはほぼ日本と同じ時間帯で視聴可能。NHKが見られる世界各地のホテルを国ごとに検索することもできる。www3.nhk.or.jp/nhkworld/

○ 客室にあるもの＆ないもの
バスルームにはシャンプー、石鹸、バスタオル、フェイスタオル、ハンドタオル、コップがたいてい備えられている。ヘアドライヤーやスリッパ、バスローブは高級ホテルならばある。歯ブラシ、寝間着類はないので持参しよう。

● ルール＆マナー

［観光］

● 心強い味方！ 観光案内所

現地での情報収集は観光案内所で。パンフレットや地図、各種チケットなども販売。

■サンタモニカ・メイン・ビジター・インフォメーション・センター

(310) 393-7593　(住)2427 Main St.　(時)9時～17時30分(土・日曜は～17時)　(休)なし

MAP ●別冊P8A3

■パサデナ・コンベンション＆ビジターズ・ビューロー

(626) 795-9311　(住)300 East Green St.　(時)8～16時　(休)土・日曜

MAP ●別冊P3D1

● フリーペーパーをゲット

イベントなどの最新情報はフリーペーパーで入手できる。『ライトハウス』(ロサンゼルスとサンフランシスコで発行)、『日刊サン』、『LALALA』(ロサンゼルスで発行)など日本語のものもある。上記観光案内所やホテル、日本語のものは日系のスーパーや飲食店などに置いてあるので、見かけたら入手しておこう。

● 写真NGの場所に注意

美術館や教会など、撮影そのものが禁止か、三脚やフラッシュの使用が禁止されている場合がある。撮影の際には注意が必要。

● 厳しいセキュリティ・チェック

主要観光地ではX線による手荷物検査が行われるのが一般的。入場時に時間がかかることを覚悟しよう。

● レディーファーストをお忘れなく

アメリカはレディーファーストの国。エレベーターや出入口では女性優先なので紳士的に振る舞おう。女性は譲ってもらったら「Thank you」のひと言を忘れずに。

● 教会でのマナー

教会は観光地である以前に信仰の場。帽子をとる、騒がない、ミサの時間帯には入場を控えるなどの配慮を。

［ホテル］

● 廊下は公共の場

パジャマや裸足で廊下を歩くのは慎もう。客室から1歩外に出たら公共の場所であることをわきまえたい。

［グルメ］

● チップは義務です

レストランではチップが必要。目安は総額の15～20%程度で、伝票に記されたタックスの2倍と覚えておくといい。1杯ごとにカウンターで支払うバーでは1ドリンクにつき$2～3、セルフサービスのカフェやファストフードでは不要。

● 予約・ドレスコードを確認

高級レストランや人気店での食事は事前に予約しておくのが確実。電話で日時と人数、名前を告げるだけだが、言葉に自信がなければホテルのスタッフにお願いしてもいい。予約の際に服装についても確認しておこう。

［ショッピング］

● 入店時にはあいさつを

ショップに入店する際には「Hello」のあいさつを忘れずに。品物を手に取る際は、店員にひと声かけよう。

［ナイトライフ］

● 夜の街歩きに注意

コロナ禍以降治安が悪化しており、ひったくりやスリ、置き引きなどが多発している。ダウンタウンなど人通りの少ない夜間は要注意。人の少ない時間や場所ではタクシーなどを利用しよう。

● 観劇のマナー

ミュージカルなどの劇場内では飲食、撮影、録音は禁止。特にドレスコードは設けられていないのでカジュアルな服装でも構わないが、ドレスアップしたほうが優雅な気分で楽しむことができる。

● お酒は21歳から

カリフォルニアでは21歳未満の飲酒は禁止。リカーショップやクラブ、バーなどでは、年齢を証明するIDの提示を求められるので、パスポートなどを携帯しておこう。また、道路や公園、ビーチなど公共の場所でも飲酒は禁止されているので注意。

 注意事項 アメリカの医療費は日本と比べると驚くほどに高額。旅行中はいつ何が起こるかわからないので、海外旅行傷害保険には加入しておきたい。

○ トラブル対処法

病気やけが、盗難など、旅先でのトラブルはせっかくの旅行を台なしにしてしまう。未然に防ぐための対策を施すと同時に、トラブルが起きた際に慌てないよう、対処方法を確認しておきたい。

● 病気になったら

病気がひどくなったら、ためらわずに病院へ。救急車を呼ぶときは☎911(警察・消防も同じ番号)。ホテルならフロントに連絡をすれば、医師の手配をしてくれる。保険に加入している場合は、現地の日本語救急デスクへ連絡すると提携病院を紹介してくれる。また、普段から使い慣れた薬を持参しておくと安心。

● 盗難・紛失の場合

○ パスポート

パスポートを紛失した場合は、まず警察に届けを出してポリスレポート(盗難証明書)、または紛失証明書を発行してもらう。そして日本国総領事館にてパスポートの失効手続きを行い、新規発給と帰国のための渡航書を申請しなければならない。

○ クレジットカード

カード発行会社へすぐに連絡をし、カードを無効にする。警察に届けを出して盗難・紛失届受理証明書を発行した後、カード会社の指示に従って対処する。

● トラブル事例集

○ 路上パフォーマンスに見とれているうちに、バックパックから財布を抜き取られた。
→混雑した場所では荷物は体の前で持つ。貴重品が他人の目につかないようにすることも大切。

○ カフェで足元に置いていた荷物を持ち去られた。
→荷物から目を離さないようにし、どこかに置く場合でもカバンの紐などを手や足にかけておくなどの対策を。

○ 空港で白タクに案内され法外な値段を請求された。
→空港では、ツアーなどの出迎えを装い荷物のタグからツアー名や氏名を読み取り白タクに案内するという手口が横行。名前を呼ばれても安心せず、相手がツアー詳細を把握しているかなどを確認する。

○ 路上でぶつかった人がワインボトルを落とし、ワイン代を請求された。
→相手にせず毅然とした態度で立ち去る。しつこく弁償を要求するようなら近くの店や警察に助けを求める。同様の手口でサングラスを使ったものもあるので注意。

行く前にチェック!

外務省海外安全ホームページで、渡航先の治安状況、日本人被害の事例を確認することができる。
URL www.anzen.mofa.go.jp

旅の便利帳

[ロサンゼルス]

● 在ロサンゼルス日本国総領事館
住 350 South Grand Ave., Suite 1700
Los Angeles, CA 90071
☎ (213) 617-6700
時 9時30分〜12時、13時〜16時30分(予約制)
休 土・日曜、祝祭日
URL www.la.us.emb-japan.go.jp/itprtop_ja/index.html
MAP ●別冊 P7C3

● 在サンフランシスコ日本国総領事館
住 275 Battery St., Suite 2100,
San Francisco, CA 94111
☎ (415) 780-6000
時 10時〜11時30分、13〜16時(予約制)
休 土・日曜、祝祭日
URL www.sf.us.emb-japan.go.jp/itprtop_ja/index.html
MAP ●別冊 P1C1

● 消防・救急車・警察 ☎911

● カード会社緊急連絡先
・Visa グローバル・カスタマー・アシスタンス・サービス ☎1-800-847-2911
・マスターカード ☎1-800-307-7309(トールフリー)
・アメリカン・エキスプレス ☎1-801-849-2124(グローバル・ホットライン)
・UCカード ☎ 011-800-80058005(ワールドフリーフォン)

[日本]

● 在日米国大使館と領事館
住 東京都港区赤坂1-10-5
☎ 050-5533-2737(ビザ申請サービス・コールセンター)
時 10〜18時 休 土・日曜、日本・米国の休日
URL jp.usembassy.gov/ja/

● 主要空港
○ NAA成田国際空港インフォメーション
URL www.narita-airport.jp/

○ 羽田空港総合案内
URL www.haneda-airport.jp/

○ 関西国際空港案内
URL www.kansai-airport.or.jp/

○ セントレアテレフォンセンター(中部国際空港)
URL www.centrair.jp/